［日］岩崎一郎 著
周征文 译

稻盛哲学为什么激励人

擅用脑科学，带出好团队

なぜ稲盛和夫の経営哲学は、人を勤かすのか？
脳科学でリーダーに必要な力を解き明かす

机械工业出版社
China Machine Press

图书在版编目（CIP）数据

稻盛哲学为什么激励人：擅用脑科学，带出好团队 /（日）岩崎一郎著；周征文译 . —北京：机械工业出版社，2018.3

ISBN 978-7-111-59303-4

I. 稻… II. ① 岩… ② 周… III. 企业管理－经验－日本－现代 IV. F279.313.3

中国版本图书馆 CIP 数据核字（2018）第 040531 号

本书版权登记号：图字 01-2018-0186

NAZE INAMORI KAZUO NO KEIEITETSUGAKU WA, HITO WO UGOKASUNOKA?.
Copyright © 2016 by ICHIRO IWASAKI.
Simplified Chinese Translation Copyright © 2018 by China Machine Press.
Simplified Chinese translation rights arranged with CROSSMEDIA PUBLISHING CO., LTD. through TOHAN CORPORATION, TOKYO, and BEIJING HANHE CULTURE COMMUNI-CATION CO., LTD. This edition is authorized for sale in the People's Republic of China only, excluding Hong Kong, Macao SAR and Taiwan.

No part of this book may be reproduced or transmitted in any form or by any means, electronic or mechanical, including photocopying, recording or any information storage and retrieval system, without permission, in writing, from the publisher.

All rights reserved.

本书中文简体字版由 CROSSMEDIA PUBLISHING CO., LTD. 通过 TOHAN CORPORATION, TOKYO 和北京汉和文化传播有限公司授权机械工业出版社在中华人民共和国国境内（不包括香港、澳门特别行政区及台湾地区）独家出版发行。未经出版者书面许可，不得以任何方式抄袭、复制或节录本书中的任何部分。

稻盛哲学为什么激励人：擅用脑科学，带出好团队

出版发行：	机械工业出版社（北京市西城区百万庄大街 22 号　邮政编码：100037）
责任编辑：	宋学文
责任校对：	殷　虹
印　　刷：	三河市东方印刷有限公司
版　　次：	2018 年 4 月第 1 版第 1 次印刷
开　　本：	147mm×210mm　1/32
印　　张：	6
书　　号：	ISBN 978-7-111-59303-4
定　　价：	49.00 元

凡购本书，如有缺页、倒页、脱页，由本社发行部调换

客服热线：（010）68995261　88361066　　　　投稿热线：（010）88379007
购书热线：（010）68326294　88379649　68995259　　读者信箱：hzjg@hzbook.com

版权所有・侵权必究
封底无防伪标均为盗版　　本书法律顾问：北京大成律师事务所　韩光/邹晓东

序言

首先，由衷感谢各位读者能够抽时间阅读拙作。

各位所在的企业业绩是否一路高歌？企业文化及人际关系如何？各位的同事、下属、上司和客户是否在同心协力地朝着目标努力迈进？

很遗憾，我敢肯定，能够不假思索地回答"是"的人必然是少数。

几年前，我曾拜访一家公司，当时那种奇妙的感觉让我至今难忘。那家公司里的员工个个都干劲十足、活泼开朗。每个人一看到我都满脸阳光地打招呼。可以看出，他们之所以如此有礼貌，并不是出于公司的硬性规定，而是发自内心的主动行为。

由于公司氛围实在太好，我不禁问了几名员工："工作快乐吗？"他们答道："真庆幸能够进入这家公司""有时工作很忙很辛苦，但我觉得有意义"。

我感叹公司对员工的教育到位，通过进一步询问，我得知公司似乎在对全体员工灌输稻盛和夫先生的经营哲学，即"京瓷哲学"。

稻盛和夫先生的名气和功绩，想必各位读者也有所耳闻。他使最初仅有 28 名员工的小工厂"京都陶瓷"（即如今的京瓷公司）快速发展成为庞大的集团性企业，而这一切只用了短短数十年。如今，京瓷的销售额超过 15 000 亿日元，是全世界屈指可数的优秀企业之一。不仅如此，他还抓住了日本政府向民营资本开放电信业的时机，创立了第二电电（即如今的 KDDI）。而进入 21 世纪后，他又让濒临二次破产的日本航空（JAL）浴火重生、扭亏为盈，以 V 字形的业绩大逆转，实现重新挂牌上市。这些成就中的任何一项都足以被称为难以实现的丰功伟绩，而他竟然一次又一次地获得成功。

思维方式是稻盛和夫经营企业的基础，在其所著的《活法》及《京瓷哲学》等书中对此皆有阐释，其思想核心为"作为人，何谓正确"。他还强调"利他之心"的重要性，认为提高心性是拓展经营的关键。

对于凡事都爱讲科学道理的人而言，他的理论听起来似乎像"精神胜利法"，与实际经营之间存在巨大的鸿沟，我对此很理解。我本人曾在美国芝加哥某大学从事脑科学领域的研究工作，作为一名学术人员，凡是没有科学依据的东西，我都很难相信。

但一个偶然的机会，让我对稻盛和夫先生的思想有了改观。当时有一篇学术文章引起了我的兴趣，讲的是有关脑科学的研究事例。文中说，经仪器检测，一些西藏喇嘛在发愿祈祷世界和平与全人类幸福时，其大脑活性会提高至普通人的数百倍。

换言之，在祈求全人类幸福时，喇嘛的心理状态改变了其大脑机能。于是我想，稻盛先生宣扬的理念或许能通过脑科学的理论加以证明。

在他的著作《京瓷哲学》中，他强调人们应该"保持开朗""把利他之心作为判断基准""在判断时做到私心了无"。人一旦遵循这些理念，会对其大脑产生何种影响呢？为了探求真相，我开始搜罗全世界各大院校和机构的相关论文。

果不其然，一些研究显示，积极开朗的心态能够增加大脑活性，而一旦到达了拥有利他之心和无私之心的境界，大脑的活性就会提高至普通人的数十倍乃至数百倍。

此外，不断有论文表明，凡是拥有高尚人生目标的人，其大脑健康状况往往较好；在日常工作和生活中懂得体谅和关怀的人，往往眼界开阔、思路敏捷。这与稻盛先生的另一部著作——《经营十二条》中的内容不谋而合，书中写道："要明确事业的目的和意义，要设定光明正大且符合大义名分的崇高目标""要体恤他人、诚实待人"。

尤其让我惊叹的是名为"集体智慧"（collective intelligence）的概念——当一个群体中的个体齐心协力地朝着相同目标迈进时，该群体的智慧就会增强，而个体的智慧也能够得到充分发挥。通过这种集体智慧效应，即便每个个体智慧平平，其集体智慧也能远远超过单个天才。近几年的科研成果表明，诸如"三个臭皮匠，赛过诸葛亮"这样的说法是有科学道理的。

《京瓷哲学》中提倡的"以大家族主义开展经营""重视伙伴

关系""统一方向，形成合力"等行为，便是在为发挥集体智慧创造条件。至此，即便是像我这种凡事都爱讲科学道理的人，也终于明白稻盛哲学为何能如此打动人心了。

为了用脑科学来证明"京瓷哲学"的合理性，我有幸在两个地方做过相关的演讲：一个是盛和塾，它是稻盛和夫先生创办的企业家培训机构；另一个便是起死回生的日本航空公司。对于我讲的内容，在场的听众反响良好，有的还对我说："之前就学过稻盛哲学，但我只是在心里暗示自己要坚信其理念。听了您的演讲，我才知道稻盛哲学原来是可以用科学证明的，真是消除了我的疑惑。""一想到自己每天实践的信条能够促进大脑活性，真是令人欣喜。""有了科学依据，我向员工解释稻盛哲学就容易多了。"……

这也是本书的主旨所在，有的企业家经验丰富，知道在公司里推广稻盛哲学的好处，可不知道如何向员工说明理由；有的人看重切实的科学依据，认为这能证明自己学习稻盛哲学的意义；有的人爱讲科学道理，对稻盛哲学将信将疑……这些人便是本书的目标读者，我希望能为各位真正理解稻盛哲学尽绵薄之力。

本书以稻盛和夫先生的讲话及其所著的《京瓷哲学》《追求成功的热情》等书中的故事为素材，辅以证明其合理性的脑科学研究论文，从而构成了整体内容。

本书的章节安排参照了《调动员工积极性的七个关键：稻盛和夫的经营问答》一书中的第 1 章内容。如果读者在阅读本书后希望深入学习稻盛哲学，我建议从稻盛和夫先生的著作和演讲内容开始学起。

最后，在对稻盛哲学深表敬意的同时，我也由衷希望本书能够广结善缘，让更多的人对稻盛和夫先生的精妙思想产生兴趣，进而活学活用，度过精彩的人生。

岩崎一郎

目录

序言

第1章　与下属建立信赖关系　| 001

领导无意识的言语会对下属脑部造成何种影响　| 003
通过表达谢意，能够提升下属的干劲　| 007
领导值得信赖，下属便能发挥能力　| 010
与下属构筑信赖关系的化学物质——催产素的效果　| 012
领导的真挚能够感化下属　| 015
与下属拉近距离需要有效的交流活动　| 017
领导的感召力　| 019
与下属同欢喜能够构筑信赖关系　| 021
应该如何做，才能与下属建立伙伴关系　| 024

第2章　成为让下属仰慕的领导　| 031

领导对下属的态度决定了其积极程度　| 032
持"利他之心"者必获多助　| 036
负面思想会抑制大脑思维　| 039
最大限度挖掘大脑潜力：正念疗法的作用　| 043
领导的信念决定了下属的才能　| 048

同步大脑，提升团队能力　｜ 052
　　　缺乏血清素会产生复仇之心！？　｜ 055
　　　掌控道德意识的神经回路会避免失败　｜ 057
　　　谦虚之人的大脑隐藏着预测未来的能力　｜ 060

第3章　告知下属工作的意义从而激发其工作热情　｜ 065

　　　告知工作的意义，能提高下属的工作热情　｜ 066
　　　小成就的不断积累，能提高下属的工作热情　｜ 070
　　　以积极心态看问题，就不会视坚持为苦　｜ 073
　　　如何培养出耐劳抗压的优秀下属　｜ 075
　　　成为下属愿意追随的领导　｜ 080
　　　下属的能力取决于领导的情绪　｜ 083

第4章　领导描绘的未来蓝图能够鼓舞员工　｜ 087

　　　强烈而鲜明的梦想为何就能实现　｜ 088
　　　通过表象训练来锻炼大脑　｜ 091
　　　领导率先垂范能引导员工开创未来　｜ 093
　　　"对话型领导"能让员工士气高涨　｜ 096
　　　认真聆听便能成功"读心"　｜ 099
　　　只要努力磨炼，大脑就能不断成长　｜ 102
　　　脑的适应性超乎你想象　｜ 105
　　　内容积极的对话对员工大脑有益　｜ 108

第5章　领导提出的明确任务能够团结人心　｜ 111

　　　拥有崇高目标，能够增强大脑机能　｜ 112
　　　获得永不服输的力量，战胜一切困难　｜ 114

领导应该注意什么，才能让下属达成目标 | 118
如何不被负面情绪左右，如何获得"幸福的大脑" | 120
积极面对苦难，危机变为机遇 | 124
依靠金钱奖励，无法维持下属的积极性 | 128
"庸才"团队能够完胜天才团队！？ | 132

第6章　与员工共享哲学思想 | 139

巧用潜意识之力，便能心想事成 | 141
模仿同伴的行为是人下意识的本能 | 145
领导所言对下属造成的影响 | 148
信赖与否，取决于日常言行 | 150
如何对待下属才能激发其工作热情 | 152
战胜诱惑的意志，能够取得成功 | 156
迈向成功的人生之路：何谓"斗魂" | 160
感谢之情催生组织的连带感 | 165
稍不注意，组织的秩序就会混乱 | 168
笑一笑，大脑就会变乐观 | 171
极致的"利他之心"能够提升大脑的层次 | 175

结语 | 179

第 1 章
与下属建立信赖关系

纵观日本的所有企业，究竟有多少人在工作中具备伙伴意识呢？

据统计，截至 2015 年 1 月，日本的劳动人口（包括非正式员工）中，大约有 89% 的人隶属于企业组织，即所谓的"被雇用者"。

对这些被雇用者而言，倘若能在互帮互助的工作氛围中创造出附加价值，那自然是大有裨益。那么问题来了，究竟有多少人能够在职场中肩负使命感，并与工作伙伴同舟共济，且充满活力呢？

能在一起工作，也是难得的缘分，想必谁都希望能与同事心灵相通，从而建立真正的信赖关系。

稻盛先生认为，若想建立这种相互理解、相互信赖的组织，关键在于打造组织内的横向联系，即"伙伴关系"。在其所著的《京瓷哲学》一书中，有名为"重视伙伴关系"的条目，大致内容如下：

"自京瓷创立以来,我一直致力于建立心心相印、互相信赖的伙伴关系,并在此基础上开展工作。因此在京瓷公司,同事间的关系并非领导与员工之间那种纵向的从属关系,而是朝着同一个目标一起行动,并为实现梦想而团结奋斗的同志关系,也就是横向的伙伴关系。

"其有别于那种基于权利或权威的上下级关系,而是志同道合的伙伴们齐心协力、团结一致的经营方式。京瓷之所以能够发展到今日的规模,全凭如此。

"合作伙伴之间互相理解、互相信赖,才使这一切成为可能。"

企业家或管理者要想发挥领导力,需要满足两个阶段的要求,首先是"基于伙伴关系的行动",即与下属建立互信关系;其次是"基于主观能动性的行动",即提振员工的士气和干劲。

倘若缺乏互信关系,那么不管上司如何激励下属"加油""努力",都无法取得成效。换言之,如果没有"基于伙伴关系的行动","基于主观能动性的行动"就无法发挥作用。

所以说,稻盛先生提出的"横向的伙伴关系",其核心是与下属之间的互信关系。对领导而言,构建这样的关系可谓重中之重。

本书的内容也据此分为两大块,前半部围绕"基于伙伴关系的行动",后半部围绕"基于主观能动性的行动",从脑科学的角度,介绍相关的研究内容和成果。希望各位读者在阅读本书时,也能够对这两个阶段的先后顺序做到心中有数。

为了建立伙伴关系，领导应该如何对待下属呢？在本章中，笔者将从脑科学的角度出发，对该问题进行探究和讲解。

领导无意识的言语会对下属脑部造成何种影响

我坚信，自己的言语势必充满着能量……这正是日本古人所说的"言灵"。换言之，言语拥有灵魂，便能迸发能量。

内部刊物《盛和塾》126号 塾长讲话
第122回"领导应具备的'理念'与'热情'"

恳请自问一下，各位平时在和下属讲话时，是否对自己的态度和言辞有所注意呢？脑科学的研究表明，领导的言语对下属的大脑会产生重大影响。

美国凯斯西储大学（Case Western Reserve University）的博亚齐斯（Boyatzis）博士等人开展了相关研究，他们的课题是"领导的言语对下属的大脑会造成怎样的影响"。

研究者首先找到8名实验对象（8人的平均工龄不低于28年），让他们讲述两种经历，一种是"与鼓励自己的好领导之间的愉悦经历"，另一种是"与打击自己的坏领导之间的不快经历"，并进行录音；然后让他们躺在MRI（核磁共振成像）检查设备中，一边播放他们自己的录音内容，一边观察他们的脑部活动。

其结果非常耐人寻味（见图1-1）。

面对交恶领导的言语，下属的脑部机能会下降

结果表明，一旦实验对象开始回忆与交恶领导之间灰心丧气的不快体验，其大脑的两大部位（图1-1中的前带状回与后带状回）的活性就会降低。

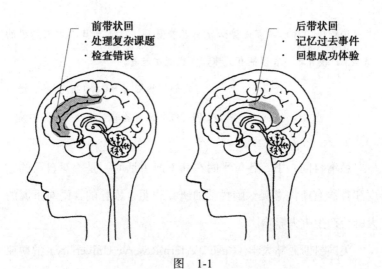

图 1-1

具体来说，负责检查错误的部位（前带状回）的反应会变得迟钝，从而增加了在处理复杂课题时的错误率；与此同时，由于负责回想成功体验的部位（后带状回）的活动也变得迟缓，因此自信心也会逐渐丧失：可谓陷入了一个负面循环。

面对心仪领导的言语，下属的脑部机能会激活

反之，一旦实验对象开始回忆与心仪的领导之间鼓舞人心

的愉悦体验，其大脑中负责激活诸如希望、慈悲、快活、正念（mindfulness，参照第 2 章第 4 节"最大限度挖掘大脑潜力：正念疗法的作用"）和成长意欲的大脑神经元回路（其在大脑中对应的部位为岛叶、前带状回和核壳，如图 1-2 所示）以及负责激活积极心理状态的脑前额叶（加速装置）便会呈现活跃状态。

如前面所述，前带状回负责检查错误，其一旦活性增强，人的自我检错能力便会提升；而核壳与学习行为有关，能使人从失败中吸取教训，从而避免重犯。

至于岛叶，则拥有察觉他人心情的功能，其一旦活性增强，一个人对于他者的情绪反应就会变得较为敏感，从而增进团队合作时的协调性。

好的领导往往拥有较为敏锐的感受性，善于察觉和体恤他人的情绪，因此能够激活下属的大脑，使其以积极向上的状态从事工作。此外，人一旦进入正念状态，其专注能力、恢复能力和同感能力等都会获得提升，因此"训练正念"已然成为不少美国大企业培训员工的长期项目之一。

领导的思想和行动会如何影响下属的脑部活动？关于该领域的研究工作，势必会成为脑科学界的长久课题。

另一方面，上述实验也验证了反例——倘若领导只把自己与下属之间的关系视为单纯的上下级关系，就会产生一系列弊端。换言之，如果只是"雇用者与被雇用者"这样冷冰冰的纵向联系，企业家或管理者就会认为"下属听从指挥是理所当然"，而下属员工也会认为"上司说什么就是什么",从而形成一种机械且被动的工作态度。

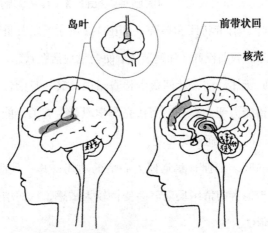

岛叶:能够察觉他人的心情
　　　负责连接人的"灵"与"肉"(参照第2章第9节
　　　"谦虚之人的大脑隐藏着预测未来的能力")
前带状回:能够事先察觉错误和风险
　　　　负责处理复杂课题
核壳:拥有与强化学习相关的功能

图　1-2

正因为如此,稻盛先生才一直把员工视为伙伴,并致力于建立心灵相通的关系、打造团结一心的组织。他曾呼吁:"不要让上下级和同事之间的关系止步于雇用关系,而应该升华为亲如兄弟或父子的关系。"

人心一旦互通,就会进入"万众一心"的精神状态。此时,人们的大脑就会被激活,并以积极向上的状态努力投入工作,进而在工作中获得幸福感。

总而言之，稻盛先生把"建立心灵相通的关系"作为成功管理企业的第一步，而其论点的合理性已经被脑科学所证明。

通过表达谢意，能够提升下属的干劲

倘若企业内部缺乏和谐的人际关系，便无法制造出让顾客满意的产品，因为制造者的心境会投射在产品上。只为自己着想的利己主义者，是无法营造出和谐的企业氛围与人际关系的。

我们能有今天、能尽情工作，离不开我们的顾客、供应商、工作伙伴和家人等周围众人的支持。假如仅凭我们的一己之力，是不可能走到这一步的。

要牢记这点，并对他们常怀感谢之心，使彼此成为互相信赖的伙伴，一起推动事业的发展，这才是最重要的。

《京瓷哲学》（怀有感谢之心）

大家一般都会对自己的顾客说"谢谢"，但对于我们身边的人（尤其是较亲近的人），却往往容易忘记表达谢意。

比如对自己的员工，有的企业家或管理者认为"他们做好工作是天经地义""他们完成任务是理所当然"。

但稻盛先生则不同，他十分重视对员工表达谢意。

在职场中表达谢意，究竟会对员工造成怎样的影响呢？美国宾夕法尼亚大学（University of Pennsylvania）的格兰特（Grant）博士等人进行了一项颇为有趣的研究。

感谢的言语是能量之源

格兰特博士把41名大学职员分为A、B两组，让他们打电话给老毕业生，以募集捐款。

1周后，两组职员的业绩类似——打出的电话数量都在40通左右。

然后，由大学基金会的会长出面，向A组的每名职员传达这项工作的意义，并表达感谢之情。会长是这么说的：

"对我们学校而言，募集捐款一事意义重大，假如基金会拥有足够的捐款，便能够资助更多的优秀学生，从而为社会提供源源不断的有用之才，进而为社会做出积极的贡献。所以说，各位的工作善莫大焉，对于各位所付出的努力，我由衷表示感谢。"

结果，在接下来的日子里，A组打出的电话数量是原先的1.5倍，反观没有受到会长感谢的B组，则依旧维持原先的业绩。

此外，对于"自己在为社会发挥作用"的认同感，使A组的职员与先前相比平均强化了13%。从该研究结果可知，通过解释工作的意义和表达感谢之情，上司能够使下属的行动发生变化。

美国国家卫生研究院（National Institutes of Health）的茨恩（Zahn）博士等人通过研究发现，领导的感谢之情变得强烈，员工脑内唤起热情和欲望的化学物质——多巴胺的分泌量便会增加。换言之，若想激发员工的干劲、提升员工的积极性，其秘诀就在于"每天表达谢意"。

在许多人看来，每天的日常生活中哪有这么多值得频繁感谢的事情。其实关键要每天都"感谢当下的一切，感谢自己能活着"。一旦拥有如此朴实的感谢之心，在日常工作中，领导就能够学会向员工表达谢意，从而促进员工自我成长，并且实现"上下一心、了无隔阂"的连带感（参照第6章第8节"感谢之情催生组织的连带感"）。可见，不仅仅在宗教式的精神层面，哪怕用脑科学的角度看，表达谢意都是十分重要的行为。

面对性格被动的员工，如何激发其积极性

我们机构在实际开展企业研修活动时，客户曾经抱着这样的烦恼前来咨询——他们公司某个部门的员工不愿主动发表意见，工作时也是"上级怎么说就怎么做"，完全是任务观念，这使领导很犯愁。

对此，我给出的建议是"平时要积极地与员工互动"，包括"日常的寒暄""简单的慰劳"以及"表达谢意"，哪怕是小事，也不要吝惜感谢之词。并且在表达谢意时不可有口无心，而应该打心底涌出深深的感谢之情，然后通过言语表达出来。

客户接受了我的建议。几个月后，他们告诉我，该部门的员工不但发言变得积极，并且在日常工作中逐渐发挥出主观能动

性。这个事例证明，领导通过频繁地表达谢意，能够使员工变得积极向上，并大幅转变工作态度。前面也强调过，关键在于"发自内心"，不要流于表面或装腔作势，而应该由衷地流露出感谢之情。

领导值得信赖，下属便能发挥能力

怎样才能强化纽带呢？首先要彼此相互了解，这既是人际关系的起点，也是人际关系的终点。上司是否了解下属，下属又是否了解上司，这正是构筑信赖关系的基础。

信赖关系并非依靠承诺或约定来建立，"我和他聊过""我和他上次喝过酒""他认识我，我也认识他"……这些单纯而平常的小事，才是构筑信赖关系的基础。当然，也有因互相仰慕和尊敬而形成的诸如"君子神交"之类的高尚关系，但在企业中，大家还是要相互深入了解。尽管有人说"相互了解既可能建立信赖关系，也可能葬送信赖关系"，但我还是要强调相互了解的重要性。

《京瓷哲学》（构筑信赖关系）

在工作中，谁都知道"信赖关系"十分重要，可"信赖关系"究竟能够对双方产生何种影响呢？美国北卡罗来纳州立大学（North Carolina State University）的格兰特（Grant）博士等人研究了信赖关系与工作表现之间的关联性。

领导受信赖的程度是否会对下属的工作表现产生影响

格兰特博士以呼叫中心的 57 名员工为对象，让他们以打电话的方式为大学募集捐款。两周后，秉着对他们领导保密的原则，格兰特博士对这 57 人进行了民意测验。

民意测验的问题如下：

- 在你看来，这份工作能为世人和社会做出多大的贡献呢？
- 对于这份工作，你的热情有多少？
- 在过去的两周内，你一共打了几通电话？募集了多少捐款？
- 你是否信赖自己的领导？

测验结果显示，领导受信赖的程度，会直接影响到下属的工作表现。如果对领导的信赖程度较高，且认为自己的工作能为社会做出较大贡献，那么下属的工作表现便会较为出色——打出的电话数量比其他员工多 3 倍，募集的捐款比其他员工多 7 倍。

反之，如果对领导的信赖程度较低，即便认为自己的工作能为社会做出贡献，其工作表现也难以提高。

换言之，假如在自己所信赖的领导麾下工作，那么下属便能够发挥自己的能力；而假如无法信赖自己的领导，那么即便下属再怎么优秀，都无法发挥自己的能力。

从该研究结果可知，领导不但应该激发下属对工作的自豪感，更重要的是应该努力让自己被下属信赖。

"言行一致"是领导获得信赖的第一步

此外,上述研究发现,一旦下属发现领导言行不一,其对领导的信赖程度就会大打折扣。可见,领导做到"言行一致"是多么重要。

对领导而言,切忌刚愎自用,也不要认为"自己是真心为了下属好,所以理应获得信赖"。

人往往会倾向于强调自己的正确性和合理性,这也是人脑的一大特性。比如,通过某种渠道,认知到"体恤下属非常重要",于是在稍有实践后,便沾沾自喜地认为"自己是称职的领导"。不少人抱怨自己的领导"把自己的言行正当化,且听不进周围人的意见",这其实是人脑的特性。

所以领导要时刻自我检验,通过"回头看",来确认下属是否还追随着自己、"队伍"是否人心涣散,这点至关重要。至于自己是否足够努力,归根结底只是一项指标而已。

与下属构筑信赖关系的化学物质——催产素的效果

我(稻盛先生)总是一有机会就强调"为世人、为社会尽力是人类最高尚的行为"。与"为世人、为社会"相比,"为伙伴"确实属于狭隘得多的利他行为。但在企业经营方面,这点至关重要。

"为世人、为社会,乃至为伙伴尽力"的行为源于美好的心灵,而这样的行为又会进一步美化心灵、净化心灵。换言之，为了培养崇高的人格，这样的利他行为非常重要。

佛教中把这样的行为称为"利他行"。在佛教教义中，把为他人做奉献的利他行为摆在举足轻重的位置。释迦牟尼佛祖教导世人"积利他行，可破迷开悟"。

《京瓷哲学》（为伙伴尽力）

信赖是建立良性人际关系时不可或缺的要素。那么从脑科学的角度看，信赖是如何产生的呢？瑞士苏黎世大学（University of Zurich）的鲍加特纳（Baumgartner）博士研究发现，一种名为"催产素"的脑内物质，能够激起人的信赖感。

脑内的催产素浓度一旦升高，人的行为就会倾向于积极和正面，比如体恤他人、关爱他人，而这一系列的行为会促使自己信赖他人。

不仅如此，催产素还有两大化学作用。

一是抑制扁桃体的活性，扁桃体会激发人的恐惧感，通过抑制其活性，能够使人勇气大增，从而敢于面对挑战。

二是促进脑内化学物质多巴胺的分泌，从而进一步提高人的热情和积极性。

促进催产素分泌的方法

类似于鸡和蛋的关系，在体恤对方的过程中，脑内的催产素会加速分泌，进而更加促进这种关爱类行为的实施，从而进一步激活催产素，可获得相辅相成的叠加效果。

同理，领导若想被下属信赖，就需要促使双方脑内的催产素浓度增加。为此，身为领导的社长或上司应该对下属表达谢意并关怀体恤，以利他之心待人。有的领导不受下属信赖，即便看似积极地用尽好话来鼓励和鞭策下属，却收效甚微。究其原因，便是由于下属脑内的催产素浓度处于低位。

反之，如果企业家或管理者能够以利他之心来对待员工，员工脑内的催产素浓度便会升高，进而做出体恤同事、心系顾客的举动，使利他之心激发正能量的连锁反应。

对于如何构筑信赖关系，稻盛先生在其著作《追求成功的热情》中，有如下阐述：

"起先，我试图拥有值得信赖的伙伴，即'向外求'信赖关系，可事实证明我错了。唯有'向内求'，即首先让自己成为值得信赖之人，然后才能与他人构筑真正意义上的信赖关系。"

换言之，在稻盛先生看来，信赖关系是自我心境的反映，先要自问"自己是否拥有一颗值得他人信赖的赤子之心"，假如没有，那就必须完善自我、纠正自己的态度，否则永远无法构筑信赖关系。

总之，必须不断修行，扪心自问，"在别人眼中，自己是否充分具备诸如'公平''公正''正义''努力''勇气''博爱''利他''谦虚''诚实''感谢''反省'等正面特质"。只要持之以恒，便能获得他人的信赖。

领导的真挚能够感化下属

倘若企业家或管理者一边提倡优秀的经营理念，一边却不以身作则，那么员工就会不知所措。

内部刊物《盛和塾》119号 塾长讲话

第114回"抓住人心"

下属会关注领导的一言一行，并从中感知领导的想法。如果领导说的话有口无心，那么就无法打动下属。

比如，为了增加下属的自信，领导每天对其鼓励道："我看你能行！"结果，有的下属如领导所愿，逐渐提升了自信；而有的却依旧自信不足。为何会产生这样的差别呢？

说话者的信念和心念会直接影响听话者的行动。对此，比利时布鲁塞尔自由大学（Université Libre De Bruxelles）的杜瓦扬（Doyen）博士等人进行了一项实验。

在实验中，相关人员使用一系列卡片来做游戏，其中一些卡片上写有让人联想到"苍老"的词汇。由负责担任监督职责的2人发卡，作为实验对象的志愿者则接受卡片。其中，如果发卡者坚信"看到'苍老类'词汇的实验对象会自然放慢行走的步伐"，那么实验对象真的会如其所愿，在不经意间放慢行走步伐（发卡者 1，见表 1-1）。

表 1-1

	发卡者 1	发卡者 2	发卡者 3	发卡者 4
发卡者的信念	实验对象会放慢行走步伐		实验对象会加快行走步伐	
实验对象看到的词汇	让人联想到"苍老"的词汇	中性词	让人联想到"苍老"的词汇	中性词
结果	放慢行走步伐	无变化	无变化	无变化

反之，如果发卡者不相信这点，那么即便实验对象看到了"苍老类"词汇，其行走速度也不会发生变化（发卡者 3）。

此外，作为参照对象，再安排 2 组人和 2 名发卡者，其卡片上写的都是与"苍老"无关的中性词，这 2 组实验对象的行走步伐都无变化（发卡者 2 和发卡者 4）。

换言之，负责发出暗示的发卡者自身的信念，直接影响了实验对象的实际行为。

该实验表明，说话者只有做到心口一致，才能真正有效传达至听话者。这并非单纯的唯心论，而是有科学依据的。

同理，当领导每天对下属说"我看你能行"的时候，如果领导打心里相信"对方能行"，那么下属真的能够逐渐提升自信；反之，如果领导只是有口无心地讲讲漂亮话，那么就无法产生效果。

同样地，在对下属说"靠你了，要努力哦"时，领导如果心怀体恤和关爱之情，那么听者也会浑身有劲；反之，如果领导只是嘴上说说，实际上却并不怎么信赖下属，那么听者也很难为之所动。

稻盛先生强调"应该怀着一颗利他和感谢之心，去体恤和慰劳员工"。换言之，光靠华丽言语是不够的，领导自身必须真正具备相应的品质、拥有相应的思想，言语才能真正产生效果。

总之，企业家或管理者（譬如公司的社长）的言行是否一致，将直接对员工的实际行动造成重大影响。

与下属拉近距离需要有效的交流活动

（稻盛）专务非常善于激发员工的干劲，他时常满怀热情地鼓励我们。不仅如此，他还真心诚意地倾听我们的意见，设身处地地为我们着想，并给出恰当的建议。不管是在酒话会上倾听我们的烦恼倾诉，还是在日常工作中听取我们的请示汇报，他总是如此善解人意。

摘自内部刊物《盛和塾》127 号

小山倭郎先生（原京瓷董事会成员）的发言稿

不少企业家或管理者较为强势，与听取员工的意见相比，往往更倾向于传达自己的想法。但有研究表明，如果领导平时能够努力听取下属的倾诉和意见，就能够激发员工的主观能动性。

应该如何交流，才能提升下属的干劲

美国哈佛大学（Harvard University）的塔米尔（Tamir）博士

等人便进行了一项相关研究,旨在调查人在讲话与听话时脑部的活性差异。结果发现,与听别人讲话相比,人自己在讲话时,其负责唤起乐观情绪和积极热情的大脑奖励系统的活性会增至2～3倍。换言之,与听话相比,讲话更能让大脑获得快感。

脑科学研究表明,人在获得金钱时,大脑奖励系统会得到激活。由此可见,人在讲话时,其大脑产生的喜悦感与获得金钱时是如出一辙的。

此外,大脑奖励系统的活性还与讲话的内容有关。塔米尔博士在实验中设定了3类话题,从而调查大脑奖励系统的活性变化机制。

(1)描述自己喜欢做的事情,并回忆相关的美好过往;

(2)想象别人在做自己喜欢的事情,并描述脑中浮现的影像;

(3)回答现实中的问题(比如"《蒙娜丽莎的微笑》是否真的是列奥纳多·达·芬奇所画?")

研究发现,实验对象在讲述话题(2)和话题(3)时,大脑奖励系统处于抑制状态,只有在讲述话题(1)时,其大脑奖励系统才得以激活。

换言之,人在与他人分享快乐体验和喜悦想法时,就会变得充满干劲。当然,假如没有聆听者,或者聆听者心不在焉、兴味索然,那么其大脑奖励系统也无法激活。只有讲话者觉得聆听者与自己感同身受,并对自己讲的内容表现出浓厚兴趣,其大脑奖励系统才会被激活，这点至关重要。

善于倾听的领导较易获得下属的信赖

如果领导想要提升下属的干劲，就需要在平时努力倾听下属的心声。正所谓相辅相成，只有领导认真聆听下属的话，下属才会认真聆听领导的话。脑科学领域的研究表明，为了拉近与下属之间的距离，领导必须更好地了解下属，因此交流是不可或缺的。

前面讲过，信赖关系并非依靠承诺或约定来建立，而是以相互了解为起点，进而逐渐构筑起来的。

而稻盛先生便是如此身体力行的。据说，只要一有机会，他便与员工开展交流。

不管是庆祝生日的派对还是下班后的共饮，他都会积极参与，从而加深与员工之间的相互理解。

总之，脑科学领域的研究结果证明：重视对方的价值，接纳对方的感受，与对方举杯共饮，聆听对方的成长经历……这一系列的交流方式，能够有效拉近领导与下属之间的距离。

领导的感召力

酒话会结束，大家熄灯后原本准备入睡，可突然就上演了枕头大战。而挑起"战争"的居然是时任专务的稻盛先生。他平时克己复礼、性情温厚；没想到还有充满童心、天真烂漫的一面。这让我们这些下属愈发被他的人格魅力所倾倒。

摘自内部刊物《盛和塾》127号
小山倭郎先生（原京瓷董事会成员）的发言稿

如何感染和号召下属？对许多领导而言，这是一个棘手的问题。对此，美国奥克兰大学（Oakland University）的克那申（Keinath）博士等人对此进行了一项研究。

克那申博士召集了269名在校大学生作为志愿者，调查教授的言行会对学生选课的积极性造成何种影响。

其调查结果显示，要想让学生选自己的课，教授不仅要在教学方式和授课内容方面做到优秀，还必须具备对学生的感召力。

要想提升感召力，关键在于做到"设身处地地为对方考虑"

实验表明，教授如果从学生的角度出发，向学生讲述一些自己的失败经验，就能有效提升自身的感召力。通过对学生吐露自己的失败经历，能够让学生感到亲近，从而提高学生前来听课的积极性。

但要注意的是，向学生展露自我时，一定要秉承"促进学生成长"的宗旨，否则会让学生产生误会，认为教授是否有什么奇怪的意图。换言之，要讲一些对学生有价值的内容，切忌陷入自我满足的误区。

结果证明，通过这样的方式，教授能够有效提升在学生中的感召力，从而提高学生认真听课的积极性，进而增加师生彼此交流的机会，最后激发学生的学习热情、提高学生的学习成绩。

同理，领导和下属打交道时，不要一味地倾向于"指导对方"，而应该致力于提升自我感召力，从而与下属建立纽带，进而提高下属对工作的主观能动性。

与下属同欢喜能够构筑信赖关系

把别人的快乐当作自己的快乐，与伙伴同甘共苦，我们一贯重视这种家族式的信赖关系。这是京瓷员工携手并进的出发点。

这种家族式的关系使员工们互存感谢之心，并相互体谅，从而构筑彼此信赖的关系，进而为好好工作打下基础。正因为大家像家人一样，所以当同事在工作上遇到困难时，就能够无条件地互相帮助，甚至连个人的私事，也能像家人般相互商量。我们所说的"以心为本的经营"，也就是指重视这种家族式关系的经营方式。

《京瓷哲学》（以大家族主义开展经营）

把下属的快乐当作自己的快乐，把下属的悲伤视为自己的悲伤，便能够萌生信赖关系。美国罗切斯特大学（University of Rochester）的雷斯（Reis）博士等人针对该课题，开展了相关研究。

研究结果显示,当讲话者在讲述自己的美好回忆时,如果听话者反应积极、热情互动,那么讲话者对美好回忆的喜悦感会得到进一步的提升。那么原因何在呢?

实验 1:关于听话者的举止

召集 72 名实验对象,让他们讲述近来发生的开心事;对于听话者,则设定 3 种类型的反应举止。

(1)一边微笑着注视对方,一边饶有兴致地积极聆听。

(2)一边把讲话者讲述的内容画在纸上,一边聆听。

(3)一边把讲话者讲述的内容记在笔记本上,一边聆听。

上述三种举止都是积极的,都在表明听话者是在认真聆听的。待讲话者讲述完毕后,研究人员会询问"是否还愿意向刚才的听话者讲述自己的开心事",上述 3 种类型的听话者的"得票"并无较大差异。

可在 1 周后,当问及讲话者相同的问题时,就出现了明显的倾斜——他们对类型(1)的听话者依旧抱有强烈的好感,希望再次交谈;而对类型(2)和类型(3)的听话者,这种感情则淡化了许多。

由此可知,在聆听别人的话语时,与其用绘图或笔记的方式做记录,不如与对方保持眼神沟通、全神贯注地倾听讲话内容,反而更能给讲话者留下深刻的印象。

此外,雷斯博士的团队还进行了另一项实验,用于调查听话者的反应会对讲话者造成多大的影响。

实验 2：关于听话者的态度

召集 148 名实验对象，让他们讲述近来发生的开心事；对于听话者，则设定 4 种类型的反应态度。

（1）热情地聆听。

（2）夹带讽刺挖苦地聆听。

（3）以中立态度聆听。

（4）以正面感情聆听（但不表现出热情）。

实验结束后，研究人员以类型（3）的听话者为中立基线（0%），询问讲话者倾诉意欲的变化程度。结果显示，对于类型（1）的听话者，讲话者的倾诉热情提升了 11%；对于类型（4）的听话者，讲话者的倾诉热情提升了 5%；而对于类型（2）的听话者，讲话者的倾诉热情下降了 16%（见表 1-2）。

表 1-2

听话者的态度	（1）热情地聆听	（2）夹带讽刺挖苦地聆听	（3）以中立态度聆听	（4）以正面感情聆听
讲话者的热情变化	+11%	-16%	±0%	+5%

该实验还附带测试了一项指标——讲话者从听话者那里获得的"温情感"。结果发现，类型（1）的听话者最能让讲话者感受到温情。可见，作为一个听话者，应该热情地聆听，这点至关重要。

雷斯博士还把实验场景扩展到日常生活中,让实验对象把当天最美好和最糟糕的体验讲给自己的伙伴听。结果发现,在讲述美好体验时,如果听话者热情地聆听,与持中立态度相比,双方的亲密度能够提升 10 倍以上。

而在讲述糟糕体验时,如果听话者表现出提供帮助的意愿或支持对方的态度,与单纯聆听相比,双方的亲密度能够提升 2 倍以上。

通过这一系列的研究可知,听话者的反应(包括举止和态度),会对讲话者造成巨大的影响。

由此可见,领导倘若想与员工促进信赖关系、拉近彼此距离,关键要在聆听员工倾诉时保持热情和积极的态度。根据员工讲话的内容,做到与其"同喜同悲",并适时提出有用的建议和意见。

应该如何做,才能与下属建立伙伴关系

我(稻盛先生)在小学时是个"孩子王",有着一帮为数不少的"小弟",因此必须整天和他们玩在一起……

要当好"孩子王",很多事情都要做到位——即便自己不吃,也要把零食分给"小弟"们;在玩打仗游戏时,为了不让扮演窝囊角色的小弟自尊心受损,必须在游戏中场哄对方开心……如今回想起来,当时还在读小学四年级的我,已经很懂人情世故。"孩子王"和"小弟"之间既

没有债务往来，也没有上下级的雇用关系，纯粹是靠自己的"魅力"和"威望"来率领大家同吃同玩的，因此难度并不小。我清楚记得，当时自己一无所有，却要让"小弟"们听从自己，着实费了一番苦功。在我看来，小学6年的"孩子王"经历，让我充分认识到了何谓人际关系。

内部刊物《盛和塾》2号

塾长讲话 第2回 "如何抓住人心"

美国威斯康星大学（University of Wisconsin）的伍利（Wooley）博士等人开展了一项研究，结果发现，人脑具有和汽车类似的"加速"和"制动"装置，前者位于左额前区，后者位于右额前区（见图1-3）。

脑部的"加速装置"一旦激活，人就会变得乐观向上，其行动力和专注力也会提高；反之，脑部的"制动装置"一旦激活，人就会变得消极退缩，从而中止当前的行动或趋于"看情况再说"的观望态度。人一旦背负巨大压力或长期精神紧张，其大脑的"加速装置"和"制动装置"便会同时激活和加强，于是就像汽车一样，会陷入"发动机熄火"的状态。这种状态长此以往，便会引发忧郁症。

从稻盛先生小时候当"孩子王"的经历可知，他一直在摸索和实践有效的交往和沟通方式，从而让周围人脑部的"加速装置"得以激活。可见，真正的领导，能够激活下属和周围人脑部的"加速装置"，从而让他们由衷地萌生"希望追随该领导"的想法。

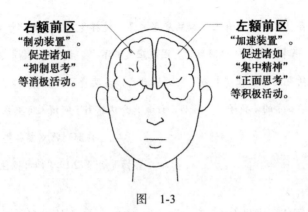

图 1-3

随便提一下,不少人会把"领导才能"(leadership)和"管理能力"(management)相混淆,但其实二者大相径庭。前者是指率领组织朝着特定方向迈进的影响力,后者是指给组织带来秩序和效率的手段和体系(见表1-3)。

表1-3 "领导才能"与"管理能力"的区别

	领导才能	管理能力
定义	率领组织朝着特定方向迈进的影响力	给组织带来秩序和效率的手段和体系
原动力	人格魅力、蓝图魅力	权限、报偿
基础	信赖关系	规则、系统
对象	每个个体	组织全体

而要让周围人萌生"愿意追随"之心,就需要领导具备领导才能方面的要素。

针对领导才能,德国ESMT学院的吉伦(Guillen)博士等人开展了相关研究。他们发现,要想具备领导才能,领导就必须坚持一系列的行动，而这些行动可以分为两大阶段。

第一步：通过伙伴般的行动来构筑信赖关系

第一阶段是"伙伴般的行动"，即在思考问题时，做到与下属站在相同的立场，从而构筑信赖关系。不少人认为领导应该态度坚决、不怒自威。但科学研究表明，与这些特质相比，"构筑信赖关系"更为关键。

美国密歇根州立大学（Michigan State University）的肖布鲁克（Shawbrook）博士与内布拉斯加大学（University of Nebraska）的兹（Zue）博士等人研究发现，凡是获得下属信任和信赖的优秀领导，其往往具备三个层面的相关特质——理论层面（认知层面）、伦理层面和感情层面。

理论层面：

把握下属的工作情况，一旦出现问题，便与下属一起摸索解决对策。

伦理层面：

具备公正的伦理观，在下属的眼中，领导能够保持言行一致（领导与下属之间很少出现分歧或隔阂，一旦被指出错误，领导也能够谦虚接受和改正）。

感情层面：

能够体恤下属的情绪，使整个组织拥有"我为人人"的团结精神和积极氛围，从而打造良性的人际关系，最终实现"上下一心"的认同感。

上述条件一旦齐备，下属对于领导的信任和信赖之情便能够大幅提升。要想让这样的条件真正在日常工作中落地，刚才提到的"伙伴般的行动"是必不可少的。而所谓"伙伴般的行动"，其实与 EQ 有着密切的关系。

EQ 被人们称为"情商"。顾名思义，它是指个体对于自我和他人感情的理解能力，以及对于自我感情的控制能力。因此，一个人如果 EQ 较高，那么就更容易做出"伙伴般的行动"。

纵观成功构筑了信赖关系的团队，其成员之间往往心意相通、互相理解，且拥有相同的价值观和思维方式；此外，成员之间还会共享信息、互相协调，且积极开展具有建设性的讨论活动。这样一来，组织或团队的各个部门就能够做到万众一心，按照相同的价值观和思维方式行事，从而发挥成员在工作中的主观能动性。

第二步：通过提升士气的行动来培养工作热情

做到了第一阶段后，接下来领导就需要培养下属的工作热情了。该行动包括"晓以大义名分""描绘理想蓝图""给予下属勇气""让下属的行动与理想蓝图相符"等。

具体来说,即描绘明确的蓝图、揭示明确的任务,以大义名分为纲,将全体员工、股东和顾客都囊括在内,从而制订全员参与的宏伟计划,并实现内部公开和相互共享。其关键在于,通过明确目标,便能激发整个组织的积极性,从而使全体成员能够饱含热情地根据任务蓝图努力工作。

换言之,要想发挥真正意义上的领导才能,就必须构筑信赖关系。而要构筑信赖关系,首先必须通过"伙伴般的行动"来打下基础,然后通过"提升士气的行动"来激发热情。二者是循序渐进的阶段性过程,且缺一不可。

而且二者亦是相辅相成的关系,假如"伙伴般的行动"不到位,那么"提升士气的行动"就无法取得成效。要想提高下属的工作积极性,领导首先需要提高自身的 EQ,从而构筑信赖关系。

据说,稻盛先生自创业伊始,便经常带下属去酒馆或自己家里,大家一边觥筹交错,一边互相打气,并鼓励情绪消沉的下属。他这份体恤爱护下属的赤诚之心,使其与下属之间形成了心意相通且坚如磐石的信赖关系。

本章主要从脑科学的角度阐释了"建立伙伴关系"对于成为合格领导的重要性。

第 2 章
成为让下属仰慕的领导

领导要想与员工之间建立心意相通的伙伴关系，就需要具备相应的人格魅力，即成为让下属仰慕的领导。

在第 1 章，笔者阐述了一名优秀领导者应具备的信任与信赖内涵，其包括理论层面、伦理层面和感情层面。而要想成为让下属仰慕的领导，仅凭工作干练、能力出众（理论层面的特质）还不够，还必须拥有正确的伦理观，并亲身实践（伦理层面的特质），并体恤下属的情绪，做到"想下属所想"（感情层面的特质）。而且，对领导而言，与理论层面的特质相比，后面二者的特质反而更为重要。

如果一个人深刻理解自己的苦衷和情绪，并且愿意与自己拉近距离，那么对其强烈的亲近感便会油然而生，此乃人之常情。该过程的关键在于"私心了无"，即以"不求回报"的姿态建立伙伴关系。

据说，稻盛先生能够根据具体场合和具体情况，"润物细无声"般地体恤他人。原京瓷董事会成员的冈川健一先生曾经谈起一段难忘的经历,那是发生在京瓷员工游泳比赛中的小插曲。

当时他和稻盛先生等一行人前往琵琶湖,据他亲述:"眼看大家一个个地跳下湖,并向着湖心游去,可因为我不会游泳,所以只能站在岸边发呆。这时候,稻盛先生突然走了过来,不由分说地拉着我的手往湖里走,然后背着我游了起来。我当时十分感动,眼泪夺眶而出。"

由此可见,稻盛先生善于体察人心,因此能够发挥"感情层面"的领导才能。

从脑科学的角度来看,不管是与对方拉近距离,还是设身处地地为对方着想,都属于与对方的脑部活动"实现同步"的行为范畴。一旦实现了这种同步,就能理解对方的情感,并与对方形成"亲密无间""互为一体"的状态。

如何才能成为让下属仰慕的领导呢?本章将从脑科学的角度出发,深入探讨该问题。

领导对下属的态度决定了其积极程度

我当时缺乏经营企业的经验,既没有信心自己掌舵和拍板,也没有信心指导和率领全体员工。于是便在重重不安之中想出了这个办法。可以说,我最初决定导入"全员参与经营"的动机并不光彩,它是我这个软弱的领导在不安之中找到的出路——"大家一起经营""大家一起思考"。

如果员工按照上级的命令行事，往往会形成"上令下行"的模式。听命者只能奉命行事，既不会独立思考，也不会主动发现问题，是一种消极被动的工作态度。换言之，这样的工作状态是机械的、无意识的。在执行命令时，并没有调用自己的想法和意识，而是把"完成上级指示"作为理由，放弃独立思维，以无目的、无意识的态度完成任务。于是便形成了一种普遍消极的职场处世术——"上面怎么说就怎么做；不用太努力，完成任务就行；不用太卖力，做到不挨骂的程度即可"。

与之相对，如果员工能够参与企业经营，心态就会截然不同。尤其当企业家对普通员工说："我希望你和我一起思考经营方针。我一个人心里没底，所以想依靠你的智慧。"员工势必会受宠若惊——"社长居然这么看得起我，那我可得努力思考，为公司的发展出一份力。"

《京瓷哲学》（全员参与经营）

想必所有领导都希望下属能够在工作时士气高涨、热火朝天，可在现实中，往往事与愿违……

美国凯斯西储大学（Case Western Reserve University）的杰克（Jack）博士等人在该领域的研究结果令人震惊。

怎样的领导，才能激发下属的潜能

研究团队让两位领导分别对下属讲话，二人的讲话内容有如下区别。

着眼未来的"目的论"领导：

"我信任你，所以想把重要的工作托付给你！"

"让我们一起实现人生梦想！"

"这个任务一旦完成，你的家人也会替你高兴的！"

纠结过去的"原因论"领导：

"工作都完成了吗？"

"任务怎么还没完成？"

"又出错了？"

讲话结束后，让20名下属分别对两位领导打分，7分为满分。顺便强调一下，虽然这样的打分属于主观评价范畴的"印象分"，但通过统计多数人的主观意见，并加以分析，还是能够得出一定的趋势和法则（见表2-1）。

表 2-1

下属的心情	对于"原因论"领导的印象	对于"目的论"领导的印象
感到被激励	4.0	5.8
产生好感	5.8	6.6
感到被信赖	5.5	6.2
产生信赖感	5.5	6.2
心生希望	4.3	5.5
感到被关心	5.0	6.0

结果显示，在所有项目中，"目的论"领导的得分都高于"原

因论"领导。

此外，在调查参与实验的下属的脑部活动后，发现他们在听"原因论"领导讲话时，其负责理解语言和记忆的神经回路（颞叶）只显现出微弱的活性。

换言之，"原因论"领导在讲话时，下属几乎就没听进去。

与之相比，"目的论"领导讲话时，下属们的脑颞叶所呈现出的活性是前者的3倍。

此外，当上述两位领导分别给下属布置任务时，二人都向下属道了谢，可是同样的一句"谢谢"，下属脑颞叶的反应程度却有天差地别——与"原因论"领导相比，"目的论"领导的一句"谢谢"的效果要高5倍。

一旦厌恶领导的言语，下属的大脑会下意识地产生抗拒

根据脑的"加速"和"制动"原理（参照第1章第9节"应该如何做，才能与下属建立伙伴关系"）可知，"原因论"领导在讲话时，下属脑部的"制动装置"（右额前区）反应强烈。在该状态下，当领导做出工作方面的指示时，下属会心生"不想做"的消极情绪，从而使工作效率低下。

与其相对，"目的论"领导在讲话时，下属脑部的"加速装置"（左额前区）反应强烈。于是干劲十足，工作效率大增。

从上述实验可知，对于"原因论"领导的言语，下属"听不进去""对感谢之辞也反应冷漠""大脑一直处于制动状态"。

反之，对于"目的论"领导的言语，下属"能听进去""对感谢之辞反应敏感""大脑处于持续加速的积极状态"。

据说稻盛先生在实际工作中，即便事务极为繁忙，也会抽空亲临现场，与一线员工直接交流。不管是从客户那里回到公司后，还是开完漫长的会议之后，他都会尽量抽出时间，与员工亲切交谈——或询问工作进度和情况，或送上几句感谢和慰问。

员工在工作时的情绪如何？在稻盛先生看来，这是非常值得重视和关注的要事。

要想成为"目的论"领导，既要体察员工的情绪，也要不断着眼未来。为此，企业家或管理者不要只局限于理论层面，还要深化自己在伦理层面和感情层面的修养。这也就是稻盛先生所提倡的"提高心性"。

总之，领导在对待员工时，如果能秉着一颗体恤之心和利他之心，便能激发员工大脑的活性。

持"利他之心"者必获多助

在我们每个人的心里，既有"只要对自己有利就行"的利己心，也有"即便牺牲自己也要帮助别人"的利他心。假如仅凭利己之心判断事物，由于只考虑自己的利害得失，因此无法获得别人的帮助。同时，由于只以自我为中心，因此还会导致视野狭窄，从而容易做出错误的判断。

与之相对，假如以利他之心做判断，由于基于"为他人好"的心念，因此能够获得周围人的帮助。同时，由于视野开阔，因此能够做出正确的判断。

为了把工作做得更好，在做判断时，就不能光考虑自己，应该顾及他人，满怀体谅他人的"利他之心"。

《京瓷哲学》（把利他之心作为判断基准）

有人可能会质疑，"在丛林般的社会中，如果提倡'利他精神'，还能生存下来吗？"每天一日三餐是基本需求，没有粮食，就会饿死。在饥肠辘辘的状态下，如果眼前有食物，即便需要打倒竞争者，即便需要用武力去抢，也在所不惜。这是人的本能。

那么问题来了，面对这个弱肉强食的世界，"利他之心"作为一种受赞颂的美德，为何能够长期存在于人类社会中呢？针对该问题，英国牛津大学（University of Oxford）的莫尔（Mohr）博士等人开展了一项相关研究。

"利他之心"能够产生魅力

研究团队招募了32名女性和35名男性作为实验对象，让他们观看写有异性个人简介的卡片，卡上附有本人照片。同一人物对应两种不同的卡片（N卡和A卡），两种卡片的差别只有如下一项。

A"利他"卡：

该卡片的个人简介栏目中写有一项包含利他因素的内容。

以名为丹尼尔（Daniel）的人的卡片为例，A卡上写着"丹尼尔是当地学校的志愿者，负责指导那些家境贫寒的学生"。

N"中立"卡：

而在N卡中，该项目的内容则被替换成了中性的。

比如，"丹尼尔喜欢看《火炬木小组》(一部人气较高的英剧)"。

卡片展示完成后，让实验对象对卡片介绍的异性的"魅力值"予以评价，分值范围为"1~9"。

两周后，进行第二阶段的实验。让实验对象观看他们上次看到的卡片，但这次调换卡片种类——如果上次看的是介绍某人的A卡，这次便向其展示该人物的N卡；如果上次看的是介绍某人的N卡，这次便向其展示该人物的A卡。展示完成后，同样地，让实验对象对卡片介绍的异性的"魅力值"予以评价。

实验结果显示，即便对同一人物，与N卡（"中立"卡）相比，实验对象在看了A卡（"利他"卡）后，其魅力评价的分值比前者要高出8%~16%。而且，不管先看还是后看A卡，都不影响最后的结果。

换言之，实验对象普遍对个人简介中包含利他因素的异性更有好感。从上述研究结果可知，要想受到别人的欢迎和爱戴，关键在于具备利他的思维方式和行为模式。

稻盛先生曾说："纵观历史，由利他之心而成就的伟业不胜枚举。"究其原因，是由于利他之志能够获得多数人的支持，使得原本涣散的人心团结起来，进而成就伟大事业。

不仅如此，所谓"得道者多助"，即便自身在物质方面极为匮乏，但"私心了无""欲成利他之志"者，往往能够感动周围的人，使众人愿意为其付出信任，进而获得物质及财政方面的支援。

负面思想会抑制大脑思维

纵观那些给松下公司提供零部件的中小供应商老板，面对松下的压价，其态度可以分为两类——一种是极度不满，他们会不断抱怨："松下在创业初期也是中小企业，如今有了规模，却飞扬跋扈起来……"这样的老板，其公司最后往往都倒闭了。

而我的态度属于第二类——既然抱怨也无济于事，不如把事情做好。"不管你怎么压价，我们公司都会努力完成订单"，秉着这样的态度，我们京瓷做到了临危不乱，最终克服了困难……

面对大客户的压价，假如企业家或管理者心生怨恨，认为"对方简直是吸血鬼"，那么只会惨遭淘汰；而只有像京瓷这样，把客户的压价视为"爱的鞭策"，才能直面难关，从而生存下来。

如今，京瓷之所以能成为实力雄厚的世界知名电子零部件制造商，多亏了松下公司当初的严酷压价。对京瓷而言，这是一种可贵的考验和历练。

内部刊物《盛和塾》20 号 塾长讲话

第 17 回"从中小微型企业成长为骨干企业、

从骨干企业成长为大企业，其中不可或缺的要素"

人们常说"抱怨要不得",原因何在呢?一般认为,这是因为抱怨与负面情绪相关联。针对这一点,英国大学学院(University College)的比斯比(Bisby)博士等人进行了一项颇为有趣的研究。

研究团队招募了18名实验对象,让他们观看电脑屏幕上出现的照片。照片总共有240张,共分为4类背景,每张照片的背景会随机变化。当显示其中的一类特定背景时,连接实验对象手臂的装置可能会放出微弱的电流,从而给予实验对象微弱的电击痛感。这样的因果关系并非百分之百,其概率大约为十分之一。让实验对象看完240张照片,然后在24小时后,测试实验对象对每张照片和相应背景的记忆程度。

负面思想会降低记忆力

结果发现,如果照片包含可能伴随电击的背景,则实验对象对该类照片的记忆力要比其他照片低20%,即便真正产生电击的概率只有十分之一左右。由此可见,人在持续怀揣"可能会被电击"的不安情绪时,其脑部机能会处于被抑制的状态。

面对逆境或者不祥之事,人们往往会一下子产生负面情绪,但究竟是积极面对还是消极面对,则会造成截然不同的结果。

假如一味抱怨,只会助长大脑朝着负面的方向联想,从而使得负面情绪长期持续,进而抑制大脑机能;与之相对,假如能以积极的态度来看待负面的问题,就能够切断负面的联想,从而使大脑维持高效率的运转。

由此可见，与"不要抱怨"相比，更重要的似乎是"不要让抱怨激化自己的负面情绪，而要保持积极的心态"。

话虽如此，可人们往往忍不住去想不好的事，这是人脑的原始本能导致的——人的祖先为了能够迅速感知危险，逐渐培养出了这种对负面现象反应过剩的特质，其被称为"负面倾向"（negative-bias）。换言之，人人都有一定程度的负面倾向。不少人不愿承认自己的错误，却总是喜欢揪着他人的错误不放，这其实也是"负面倾向"的一种表现。

美国华盛顿大学（University of Washington）的菲尔斯（Fales）博士等人选取了"负面倾向"较大及"负面倾向"较小的两类人，观察他们受到不安和恐惧刺激时的脑部反应。

正面情绪能克服恐惧

为了制造不安和恐惧，研究团队让实验对象观看一系列的恐怖照片，并且观察其大脑的状态。结果发现，"负面倾向"较小的人（即习惯以积极态度看待事物的人），根据不安的程度大小，其大脑的恐惧中枢——脑扁桃体的活动较平缓。

与之相对，面对相同的负面刺激，"负面倾向"较大的人（即习惯以消极态度看待事物的人），其脑扁桃体的活动非常剧烈。

再次提升照片的恐怖等级后，"负面倾向"较小的人便会启动能够保持大脑冷静的神经回路——背外侧前额叶皮层和背内侧前额叶皮层。这样一来，即便感到不安和恐惧，大脑依然能够保持一定程度的冷静,从而拥有较为准确的判断能力。

与之相对,"负面倾向"较大的人则无法灵活调节该神经回路。换言之,他们只会让恐惧和不安的情绪逐渐升级。可以窥见,在日常生活中,他们应该会倾向于不断地抱怨和发牢骚,从而较易做出错误的判断。

由此可见,为了保障大脑机能的健全,应该尽量抑制"负面倾向"这种自我保护的原始本能,并培养积极向上的心态,这点至关重要。

稻盛先生的《经营十二条》中,有一条便是"保持乐观向上的态度,怀揣梦想和希望,以坦诚之心处世"。而脑科学领域的相关研究已然证明其理论的正确性。

那么问题来了,究竟该怎么做,才能培养"不抱怨"的积极心态呢?

感谢之心能激发大脑的正能量

在后面的章节也会讲到,只要减少私欲、学会知足、懂得感恩,大脑的"负面倾向"自然就会减弱,抱怨的言行也会逐渐减少。

对此,稻盛先生在其著作《京瓷哲学》中有如下阐述:

"一般来说,一旦碰到问题或状况,人们总是会下意识地让本能来做出判断。这时的判断往往是自私自利的。而假如能够把自身利益及自己公司的利益暂且放下,以'忘我'之心重新思考,那么'双方皆收益'的共赢方案就会如有神助般地闪现。因此，在下判断之前，请务必做到'私心了无'。"

脑科学领域的研究表明，当一个人进入稻盛先生所说的"私心了无"的境界时，其大脑就能够客观地审时度势，并且做出合理的判断。

但要想在进行判断时做到"私心了无"，的确不是一件易事。这就需要像锻炼身体一样去锻炼大脑（参照第 4 章第 6、7 节 "只要努力磨炼，大脑就能不断成长""脑的适应性超乎你想象"）。就像练肌肉一样，为了保持健美的体型，不可一劳永逸，需要每天坚持不懈。而大脑的锻炼亦是如此，关键在于持之以恒。

最大限度挖掘大脑潜力：正念疗法的作用

领导最重要的品质可以用一句话来概括——"公正无私"。假如领导把自己摆在首位，就容易犯错误。在我看来，身居高位者、身为领导者，若想尽职尽责，做到"公正无私"是关键……

摈弃小我、为社会和世人尽力，这样的人绝对不会吃亏。正相反，如果能努力做到这点，势必会得到幸运之神的垂青。

内部刊物《盛和塾》61 号

塾长讲话 [1] "事遂人愿和事与愿违"

为何人在"私心了无"的状态下能够做出正确判断呢？加拿

大多伦多大学（University of Toronto）的费尔布（Ferb）博士等人开展了一项相关研究。

大脑会对自己"搞特殊"

人脑会"特殊对待"自己。例如，与他人的事情相比，大脑更容易记起与自己有关的事情。

又例如，在无法听清声音的嘈杂环境下，如果有人呼唤自己的名字，则依然能够听到。这便是由于大脑对自己"搞特殊"的特性所致。但正所谓"成也萧何，败也萧何"，研究表明，大脑这种"自私"的特性，恰恰会导致人在面临重大抉择时做出错误判断。

究其原因，因为视自己为"特殊存在"，所以希望"别人认同自己"，认为"自己总是对的"。

此外，在处理外部信息时，大脑会下意识地做筛选——"这对自己是否有用""那对自己是否有利"……令人头痛的是，这种自私行为是无意识的，人自身往往很难察觉。

那么，究竟该怎么做，才能抑制大脑这种"自私"的特性，进而促使自己做出较为合理的判断呢？

目前主流的方式是"正念疗法"。这是一种训练方法，能够使人接近"私心了无"的"无我"境界。据说，美国的谷歌公司之所以把坐禅和冥想作为员工研修的一环，正是为了取得"正念"的效果[一]。

[一] 参考资料：《Search！》，宝岛社出版。

连谷歌公司都高度关注：何为大脑的"正念状态"

大脑一旦进入"正念状态"，视自己为"特殊存在"的特性便会弱化，而"公正无私"的心念则会强化。

而所谓的"提高心性"，从科学角度讲，其一大意义便是摒弃"视自己为特殊存在"的私心，从而客观如实地审视和接受外在的事物和现象。哪怕是与自身相关的事，也不执着于第一人称，而是以第三人称的立场客观看待。

但由于大脑的特性，人往往"以自我为中心"，并倾向于观察周遭事物，这就导致人往往难以察觉自身的变化。哪怕询问那些长期坚持正念训练的人，他们一般也只会回答"最近运气变好了""周围人对我的反应有所变化""最近老是邂逅好人""办事变得顺利了"等。可以认为，这些美好的感受是私心减少的反映。

如今，科学界已经逐渐破解正念疗法激发大脑高阶潜力的机理。比如以色列巴伊兰大学（Bar-Ilan University）的道尔·特德曼（Doyle Tedeman）博士等人所进行的研究。

正念疗法能够激发大脑的高阶潜力

研究团队招募24名实验对象，其中12人长年进行正念训练（平均坚持了16年），剩下的12人则从未接触过正念训练。实验结果显示，根据脑部活性的不同，人拥有3种自我状态（见图2-1）。

第一种是"自我特殊意识"较为强烈的"叙述型自我"（narrative self）状态。在该状态下，不管是外部刺激，还是内心念想,都会下意识地以"自私之心"做出判断和评价。比如"这件事情是否和自己有关""那件事情会让自己吃亏还是获利"等。大多数人的大脑处于该状态。

第二种是"自我特殊意识"较为微弱的"即时型自我"(minimal self)状态。在该状态下,人就不太会以"自私之心"做出判断和评价,即不太关心"这件事情是否和自己有关"等问题,而是倾向于以平和的心态接受当下发生的一切。

第三种是"自我特殊意识"几乎消失的"无我"(selfless)状态。在该状态下,人的"分别心"已然不在,既不会去评价和判断内心世界,也不会去评价和判断外部环境,而是以不为所动的"定念"来接受一切。

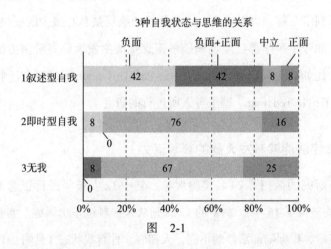

图 2-1

据说,如果长期坚持正念训练,便能从"叙述型自我"逐渐提升至接近"无我"的状态。此外,通过调查上述3种状态在日常生活中的思维倾向，发现了如下差异：

处于"叙述型自我"的人，其往往倾向于负面思维，且容易在正面和负面思维之间摇摆不定。在一天的动念之中，他们纯粹的正面思维比例只有8%左右。

处于"即时型自我"的人，其负面思维有所减少，中立思维有所增加。

而一旦到达"无我"状态，负面思维便会消失，而正面思维的比例会大幅提升。即便遭遇了旁人眼中的"大不幸"，自己也能以中立，甚至是正面思维来看待（参照第5章第5节"积极面对苦难，危机变为机遇"）。换言之，该境界的人能够做到"平等审视""公正判断"。

如果一个人之前从未做过正念训练，那么其大脑的"自我特殊意识"往往非常强烈，面对日常生活中的所见所闻，其"分别心"十分旺盛，于是大脑便会一刻不停地根据自身的好恶来做出判断。

而在接受了8周左右的正念训练后，再对其大脑状态进行调查，会发现，与训练前相比，其判断好恶的内侧前额叶皮层与激发恐惧及不安情绪的脑扁桃体不再反应激烈。

不仅如此，还发现其负责以第三者角度审视自我的神经回路（下顶叶和角回）的活性增强。这意味着，其接受客观现实、正面思考事物的能力在不断提升。

此外，其负责察觉他人情绪和想法的岛叶及脑部"加速装置"

的活性也增强了。

由此可见，一旦人进入私心减弱的正念状态，其精神压力就会得以减缓，而其记忆力、专注力及体察他人情绪的能力都会提升。不仅如此，最后还能激发大脑的高阶潜力。

瑜伽和冥想也能够提升大脑机能！？

在《京瓷哲学》一书中，有如下记述：

"一旦通过冥想等手段进入'精神统一'的状态，意识就会变得清澈……各种杂念皆消除，唯有'自己存在于此'的意识鲜明。换言之，此时进入了一种'唯有存在'的境界……

"其本质可以用'爱''真诚'与'和谐'三个词来概括。大家可能从未察觉，其实我们每个人自身皆充满了这三大要素。"

稻盛先生的论述并非单纯的宗教信念，也不是什么"精神胜利法"。脑科学领域的相关研究已然证明，"摒除私心"的确能够提升大脑活性，从而使人在任何情况下都能做出合理的判断。

领导的信念决定了下属的才能

在京瓷哲学中，"评估能力要用将来进行时"与"追求人类的无限可能性"是一对相互呼应的条目。"追求人类的无限可能性"也可以表述为"相信人类的能力无限"。

我们每个人都有无限的可能性。要想成为出色的企业家、在经营活动中取得巨大成就，就要深刻理解该条目的含义。

其中心思想是"在描绘自己的人生蓝图时，首先要以发展的眼光看问题，相信人的能力会不断成长和提高"。

现实中，大多数人都会简单地给自己下结论——"这个我不可能做到"。他们把自己当前的能力作为判断基准。

但人的能力并非静止不变，它会朝着未来的方向，不断成长进步。因此，在数年之后，就能做到当前根本无法实现的事。没有"我能"的精神，人类就不会进步。在我看来，造物主从各个方面把人类设计为"不断发展进步的生物"。基于这样的思想，我提出了"评估能力要用将来进行时"的观点。

《京瓷哲学》（评估能力要用将来进行时）

接下来要介绍一个实验，该实验证明了信念的惊人效果，并且揭示了一个道理——领导不仅要坚信自己的能力会成长，还应该坚信下属的能力也会成长。假如这样的信念坚定，下属就真的能够成长起来。

教育心理学中有一个名为"皮格马利翁效应"（Pygmalion effect）的概念，其含义为，只要教师对学生抱有真诚且坚定的期待，那么学生的成绩等各方面表现就真的会提高。而笔者要介绍的实验便十分典型，这个实验是美国哈佛大学（Harvard University）的罗森塔尔（Rosenthal）博士等人开展的一项研究。

老师的信念左右了学生的智商（IQ）

实验在一所小学进行，首先让 1 年级的 3 个班的学生接受能力测验。测验完毕后，在 3 个班中各随机选出大约 20% 的学生，然后对各班的班主任说："这些（被选出来）的学生拥有潜力，将来必成大器。"前面说了，挑选学生是随机行为，与测验结果完全无关。之所以要设置能力测验这个"幌子"，是为了让老师们信以为真，让他们坚信"被选中的孩子天赋异禀"。

自不必说，在接下去的教学过程中，老师们都怀揣着这样的"幻觉"——自己班里有大约 20% 的可塑之才。8 个月后，研究团队测试上述 3 个班全体学生的 IQ 变化，结果发现，被老师视为"天资普通"的学生，其 IQ 平均提升了 12 个点[一]；而被老师视为"天赋异禀"的学生，其 IQ 平均值高达 27.4 个点，提升了 15.4 个点。换言之，老师所坚信的"天赋异禀"的学生，居然真的取得了巨大进步。

不仅是孩子，在成人中也有类似案例，以色列特拉维夫大学（Tel Aviv University）的伊登（Eden）博士等人便开展了相关研究。

善于培养人才的领导应该采取的行动

研究团队让 105 名以色列国防士兵接受能力测试，然后把他们按照成绩分成 4 个班，并使 4 个班的平均能力保持一致。

[一] 点：该实验中采用的 IQ 计数单位。

接着，让4名教官对4个班的所有士兵予以指导，但研究团队在指导前故意"误导"教官，告诉他们："4个班是按照士兵的能力高低划分的，H（high）班的士兵能力较强，R（regular）班的士兵能力平平。"

第3学期结束后，再次进行能力测试。结果发现，H班的平均成绩要高出R班15分（100分为满分）。

原本在分班时故意避免了各班之间的能力差异，可由于教官们在指导时坚信"H班都是尖子，R班都是庸才"，因此实际成绩真的如其所愿——H班和R班之间产生了明显的差距。

从上述的一系列实验可知，在培养人才时，应该坚信其拥有卓越的才能，并在指导过程中努力激发其潜力，从而使培养对象的才能开花结果。

这其实也并不神秘——假如指导者（老师、教官或者领导等）坚信下属才能卓越，就会在日常的言行举止中表现出来。而下属也会感受到指导者的这种想法和情感，从而获得潜移默化的激励。于是，相信"自己肯定能行"的积极情绪就会日益强化，最终激活大脑的"加速装置"。

对指导者而言，关键在于"真心坚信"。假如只是嘴上说"你拥有卓越才能"，实际上抱有怀疑，那么下属就不会成长（参照第1章第5节"领导的真挚能够感化下属"）。

与之相对，假如指导者对下属抱有消极期望，认为"这家伙肯定不行"，那么就会导致"戈莱姆效应"（Golem effect）——下属的表现真的会越来越差劲。

总之，领导应该坚信下属的潜力，并且不断予以关爱和鼓励，从而使下属成才。

同步大脑，提升团队能力

怎样才能强化纽带呢？首先要彼此相互了解，这既是人际关系的起点，也是人际关系的终点。上司是否了解下属，下属又是否了解上司，这正是构筑信赖关系的基础。

信赖关系并非依靠承诺或约定来建立，"我和他聊过""我和他上次喝过酒""他认识我，我也认识他"……这些单纯而平常的小事，才是构筑信赖关系的基础。当然，也有因互相仰慕和尊敬而形成的诸如"君子神交"之类的高尚关系，但在企业中，大家还是要相互深入了解。尽管有人说"相互了解既可能建立信赖关系，也可能葬送信赖关系"，但我还是要强调相互了解的重要性。

要想相互了解，最好的方式便是面对面围坐在一起喝酒。拘谨死板的交谈是无法构筑信赖关系的，我一般在几杯啤酒下肚之后，就会对员工打开话匣子——"喂，我说你啊……"于是员工立刻会对我心生亲近感——"社长居然记得我"。这种与员工的交流方式非常重要。

《京瓷哲学》（构筑信赖关系）

可见，稻盛先生打破了那种"社长与普通员工""上司与下属"之类的纵向等级关系，取而代之的是把员工视为"事业伙伴"的横向平等关系。这种关系能够促进员工与领导的大脑"相互同步"，从而加深彼此之间的理解。芬兰阿尔托大学（Aalto University）的努曼马（Numenmaa）博士等人便开展了一项相关研究。

相同的情感能够同步大脑

研究团队招募了 16 名实验对象，让他们观看情感起伏剧烈的电影片段，并且记录他们的情感变化。通过 MRI（核磁共振成像）设备，监测他们在观看影片时的脑部活动。结果发现，部分实验对象的大脑出现了同步现象，而另一部分则没有。

所谓"同步现象"，即不同个体的大脑的相同部位在相同时间出现活性增强的反应。进一步调查"同步组"与"未同步组"之间的区别后，发现属于前者的实验对象在观看影片时，他们的情感变化是同步的。

换言之，该实验证明，一旦个体之间拥有相同的情感，其大脑便会呈现相互同步的反应。

具体来说，"同步组"的实验对象在观看影片时，当出现让人血脉贲张的情节时，他们大脑中负责强化注意力和专注力的神经回路 [视觉皮层、任务正激活网络（TPN）等] 会同时激活；当出现悲惨虐心的情节时，他们大脑中负责激发同情和同感的神经回路（基底核、岛叶等）会同时激活。

大脑处于同步状态后,能起到什么作用呢?从浅层次说,能够推测他人的情感;从深层次说,甚至能够预测他人的意图和行动。

换言之,脑科学领域的研究已然证明,如果能够理解对方的立场和看法,并与对方产生相同的情感,双方的大脑便会进入同步状态。在该状态下,便能够从精神层面接近对方,甚至与对方融为一体。

领导应该锻炼自己,学会与对方融为一体

一旦认同对方的想法和情感,进而与对方融为一体,接下来会发生什么呢?为了便于理解,让我们以团体运动项目为例。

假设互相角逐的两队选手差别巨大——其中一队选手的个人能力平平,但每名队员都团结一心,相互之间达到了"与对方融为一体"的境界;另一队选手的个人能力出众,但队员人心涣散、各持己见。自不必说,在比赛中,肯定是前者胜算更大。即便前者在比赛中暂时处于劣势,也能够众志成城地发挥出惊人的力量。

想必各位读者也有类似体验,即便自己没有亲自上阵,在观看激动人心的体育比赛时,是不是会有与自己喜爱的体育明星或队伍"融为一体"的感觉?这种群体化的力量被称为"集体智慧"(参照第5章第7节"'庸才'团队能够完胜天才团队!?")

我们机构实际开展的研修活动亦是如此——只要参与者们

的大脑进入相互同步的状态，难度较高的课题也能迎刃而解。团队成员们的大脑一旦同步，便能发挥出惊人的能力。我一次次地亲眼见证这一过程，每次都让我心潮澎湃、拍案叫绝。而对于领导而言，若想与下属构筑坚实的信赖关系，双方就必须达到这种"彼此大脑同步"的状态。

缺乏血清素会产生复仇之心！？

正所谓"思念造业"，按照"心念必然实现"的法则，我们一旦在事业上取得了一定的成功，随着渐入顺境，便会萌生傲慢之心，而人也会变得刚愎自用、自私自利。此时，绝大部分的动念皆为私念，这其实是一个非常严重的问题。人一旦变得自私自利，就会不惜伤害反对自己或危害自己利益的人……

反之，如果自己的成功能够给周围的人带来幸福，这便是利他之心，便是关爱体谅。这样的正能量与"爱"相得益彰，能够创造美好的和谐景象。

内部刊物《盛和塾》13号 塾长讲话
第11回"4大'心法精要'促使企业发展"

面对破坏公平的人，大家往往想予以惩罚，此乃人之常情。但与"申诉不公，维护正义"的心念相比，"让破坏公平的人吃点苦头"的复仇欲望如果占了上风，那就陷入了稻盛先生所说的

"自私状态",即"想惩罚自己看不惯的人"。

脑科学领域的研究表明,人之所以会萌生"复仇之心",是因为脑内缺乏一种名为"血清素"的化学物质。

人脑中的血清素能够使人产生平静与宽容的情绪。反之,一旦缺乏血清素,人的自我意识便会膨胀,当面对让自己感到不快的人时,便会心生"狠狠教训他一顿"之类的想法。针对该问题,英国剑桥大学(University of Cambridge)的克洛科特(Crockett)博士等人进行了相关研究。

缺乏血清素会造成什么后果

克洛科特博士的研究团队招募了一批实验对象,让其中半数人喝下一种药剂,该药剂能够抑制脑内血清素的生成,从而人为地使他们的大脑陷入缺乏血清素的状态,接着让他们参加一种分配金钱的游戏。他们的对手会故意采取不正当的手段来获取游戏中的金钱,研究人员则趁机观察这些实验对象脑部神经回路的反应。

结果发现,大脑缺乏血清素的实验对象,其催生"复仇情绪"的神经回路的活性,是没有喝下药剂的"正常人"的5倍。

据研究,大脑一旦缺乏血清素,人就会变得性格乖僻、猜忌多疑,并同时具备攻击和抑郁的倾向。这个道理也可以逆推——人一旦私欲膨胀,觉得"只要自己好,别人无所谓",其大脑的血清素含量便会陷入不足的状态。

那么问题来了,如何才能增加大脑的血清素含量呢?

美国宾夕法尼亚大学（University of Pennsylvania）的纽伯格（Newberg）博士等人发现，人一旦培养出积极向上的情绪模式，其脑内的血清素含量就会增加。该原理不仅适用于个体自身，也适用于他人。比如，假如领导平时养成体恤下属和伙伴的习惯，并经常通过问候的方式对他们表示关怀，那么下属和伙伴脑内的血清素含量亦会增加。此外，通过坐禅和冥想等方式，只要长期坚持，也会提升个体自身大脑的血清素含量。于是乎，人就容易变得乐观向上。

掌控道德意识的神经回路会避免失败

京瓷遵循"公平竞争"的原则，堂堂正正地开展经营活动。因此，对于"为了赚钱可以不择手段""稍许违反一点规则、篡改一些数字也没关系"这一类想法，京瓷是深恶痛绝的。

人们在参与和观看体育竞技时，之所以能够获取感动或愉悦，就是因为比赛基于公平精神，不允许犯规或破坏游戏规则，一旦发现矛盾或违规，人人都应该勇敢地站出来指正。

要让我们的职场始终充满活力并透明公正，每名成员不但应该是公平竞争的选手，还应该是明察秋毫的裁判。

《京瓷哲学》（贯彻公平竞争的精神）

"尊重公平""行事公正""不违规违纪"，大部分人应该都同意这些道德准则。其实，这些不仅是人所制定的道德要求，从脑科学的客观角度看，它们也具有深远的意义。

在做出符合道德规范的判断时，人脑经历了怎样的活动呢？西班牙 MRI 研究所的普约尔（Pujol）博士等人开展了一项研究，旨在观察人的念想在基于道德规范以及违背道德规范时，二者脑部的机能差异。

掌控道德意识的神经回路

普约尔博士的研究团队进行了一项实验，向实验对象提出一系列较为极端的"道德两难问题"，譬如以下的问题：

"假设你是一名建筑业的技师，此时正和自己的上司在高楼楼顶上作业。这名上司心肠狠毒，将下属视为可用可弃的工具，甚至不惜毁掉下属的前途和人生。此时，如果你把上司从楼顶上推下去，他就会死，而你则会受到警察的审问和调查；如果你什么都不做，那么上司会继续祸害他人。那么问题来了，你会选择把上司推下去吗？"

面对该问题，大部分实验对象的回答都是"不会"，但也有人回答了"会"。但纵观回答"会"的人，他们的智力并无异常，通过 IQ 测试可知，他们的智商与回答"不会"的人并无差异。

而实验结果显示，当实验对象在思考上述"道德两难问题"时，其道德意识越是低下，则其大脑的下列神经回路的活性会出现减弱现象。

（1）制订缜密计划的神经回路（额前区）

（2）从过去的失败中吸取教训的神经回路（海马体、脑扁桃体）

（3）客观审视自我、想象成功体验的神经回路（后扣带回、角回）

可见，如果个体道德意识低下，那么其大脑中发挥吸取教训、避免失败等重要作用的神经回路便会出现活性减弱的现象。而实验证明，即便逆推，该现象也依然成立——用强力磁场干扰实验对象的上述神经回路后，其道德意识呈现下降趋势。

由此可见，假如遵照稻盛先生的教诲，经常思考"作为人，何谓正确"，并在日常生活中实践自己的信条，其避免失败、防御风险的大脑机能便会增强。

话虽如此，但既然是凡人，就势必会在不知不觉中迷惑心智、酿成错误；或者自欺欺人地认为"自己只是偶尔犯下小错"，从而被邪念所摆布。正因为如此，我们要在平时积极锻炼上述神经回路，循序渐进地提高自己自重自省的能力，从而有效规避各种风险。

笔者在前面的章节也提到过——锻炼大脑与锻炼肌肉如出一辙，只要勤练，就能发挥效果、提升自我。

但凡事贵在坚持，切忌一蹴而就，假如在短时间内拼命进行高强度锻炼，然后妄图一劳永逸，那显然是行不通的。一旦半途而废，好不容易练出来的肌肉就会萎缩；大脑的锻炼亦是如此，倘若无法长期坚持，那么相应的神经回路也会衰退。所以说，我们应该经常思考"作为人，何谓正确"，并在日常生活中切实贯彻自己的信念，这点至关重要。

谦虚之人的大脑隐藏着预测未来的能力

"必须始终保持谦虚"也是我一直强调的条目。与坦诚之心一样，谦虚也是获取知识的原动力。

中国的古书中有"惟谦受福"一说，意思是"幸运和幸福与傲慢之人无缘，唯有具备谦虚之心的人才能获得。"

说到谦虚，或许有的人会联想到"软弱卑下"的负面形象，但这其实是误解。往往越是了无成就的人，越是自以为是、态度傲慢、爱自我表现。如果一个人因为谦虚谨慎而遭人蔑视，那么蔑视者才是真正愚蠢之人。

对于企业家而言，自己的企业越是发展顺利，就越要具备这种谦虚的态度。一些大企业家自不必说，哪怕是一些中小企业家，在公司开始步入盈利轨道后，便开始自负起来。这样的公司是无法进一步发展壮大的。由于上天的眷顾，公司好不容易获得收益并成长进步，可企业家却丧失了谦虚的精神，变得傲慢起来，于是公司转眼间便陷入赤字的泥潭。所以大家务必要把"必须始终保持谦虚"的训诫铭记于心。

《京瓷哲学》（必须始终保持谦虚）

加拿大渥太华大学（University of Ottawa）的范（Van）博士

等人发表了一项颇为有趣的研究成果——纵观谦虚者与傲慢者，其大脑的运作方式有所不同。

缺乏谦虚精神，便无法理解他人的情绪

范博士的研究团队首先从实验对象中选出一批缺乏谦虚精神的人，为了顾及实验对象的自尊心，团队人员以"性格测试"为借口，在题目中加入了测试"自恋人格系数"的问题，并把系数较高的人（即自恋程度较强的人）作为"缺乏谦虚精神"的典型个体，将其挑选出来，分为一组。

顺便说一下，"自恋人格"又被称为"那喀索斯人格"，源自希腊神话，该人格的特征表现为"认为自己与众不同""态度及举止傲慢""过度地希求赞赏""无法理解他人的情绪"等。

将"自恋人格系数"最高的11人与最低的11人分为两组，调查他们大脑的运作机制。结果发现，前者岛叶（参照第1章第1节"领导无意识的言语会对下属脑部造成何种影响"）的活性较低。

岛叶掌控着个体对于社会及他人的感情，比如"罪恶感""羞耻感"及"亏欠感"等。此外，它还是个体感知自身身体状态、连接"灵与肉"的重要桥梁。

研究表明，一旦该神经回路的活性降低，个体就会变得无法理解他人，对他人的情绪也很难做到感同身受，甚至还会削弱自身预测未来状况的能力。

由此可见，人一旦丧失谦虚精神，的确会遭到"报应"，这并非单纯的唯心论。脑科学领域的相关研究已经证明，这种说法不无道理。

那么问题来了，假如岛叶的活性增加，又会产生何种效应呢？美国加州大学（University of California）圣迭戈分校的保罗斯（Paulus）博士等人开展了一项颇为有趣的相关研究。

发达的岛叶能让人在竞争中胜出

保罗斯博士发现，获得金牌的奥运选手与止步前10强的奥运选手，其身体素质和能力几乎没有差距。

但与后者相比，那些成功夺金的奥运冠军的岛叶明显活性更高。

一般认为，活性较高的岛叶，会对个体的身体产生如下影响。

还是以运动员为例，在参加大型赛事时，他们往往会比平时紧张——诸如心跳加快、呼吸急促、气息紊乱等生理反应都会出现。假如其岛叶的活性较高，大脑就会下意识地预测到这些生理变化，从而促使身体提前应对变化。

比如有一位岛叶较为发达的球类运动员，面对即将开始的激烈比赛，其岛叶已经预测到了比赛时的状态，从而指挥身体提前调节呼吸，确保血氧浓度维持在较高水平，并根据运动量来调节心跳。等到比赛正式开始时，他的身体已经做好了充分准备，因此能够发挥正常水平。

反之，假如运动员的岛叶不够发达，等到激烈比赛开始后，身体才开始出现一系列的生理变化，导致无法及时调节自身的状态。换言之，由于时机已晚，因此无法发挥正常水平。

研究表明，奥运冠军的岛叶普遍较为发达，因此能够准确预测未来的情况，从而使身体下意识地做好应对准备，并最终在比赛中取得胜利。

在日常生活中遵循"谦虚不骄""体察人心"的美德，便是在锻炼负责"预测未来"的神经回路。即便从脑科学的角度看，"惟谦受福"这句中国谚语也是颇有道理的。

预知未来的力量

据笔者推测，由于平日的锻炼，稻盛先生的岛叶势必非常发达。不管是与对方"融为一体"的情绪洞察力，还是屡次言中将来形势的未来预知力，都有力证明了这一点。

比如稻盛先生创立第二电电的佳话，可谓内外皆知。据说第二电电起初发展并不顺利，不但其事业迟迟无法迈入正轨，与竞争对手相比也是劣势重重。为了激励当时士气低下的公司干部，他阐述了未来的远景宏图，包括"事业的各个阶段""公司上市时间""上市时的股价""话费套餐体系"等，这些内容生动而具体，仿佛他已经亲眼看到了一般。

当时，面对他的娓娓道来，干部们将信将疑——"您说得这么活灵活现,可现实哪会这么如您所愿呢?"可事实证明了一切——不管是第二电电的上市时间、规模发展、营业额,还是事业进展,都被他一一言中。可见,人的大脑拥有惊人的预测能力。

总之,人的岛叶潜力非凡,其不但能够体察他人的情绪,还能够预测未来的情况。只要我们在日常生活中秉承一颗"体谅之心",努力理解他人的情绪和想法,便能锻炼自己大脑预测未来的能力。

第 3 章
告知下属工作的意义从而激发其工作热情

前面讲到，领导应该"视员工为亲密的伙伴""具备感召员工的能力"。接下来，便是"向员工诉说工作的意义"。

这与第 1 章第 9 节"应该如何做，才能与下属建立伙伴关系"所阐述的"提升士气的行动"相辅相成。具体来说，只有"伙伴般的行动"取得成效，领导才能真正激发员工的主观能动性。

自己的工作有何意义？能为世人做出何种贡献？一旦员工明白了这些，便能萌生活力和热情，从而最大限度地发挥自身能力。

脑科学领域的研究也已证明，"懂得工作的意义"能够使人持之以恒，并增加人的抗压能力，从而提升工作效率，并减少错误的发生。

当然，就如前面所述，领导只有通过"伙伴般的行动"获得下属的信赖和爱戴，"诉说工作的意义"时才会取得理想效果。原因很简单，假如听者对说话者抱有信赖感或好感，自然会认真聆听。

曾担任京瓷（株式会社）及 KDDI（株式会社）副社长兼董事的山本正博先生回忆道，时任社长的稻盛先生对员工们讲述制造陶瓷汽车引擎的意义和梦想时，那份热情、那份气魄、可谓直击心灵。对此，山本先生说道："当时我心想，这家由稻盛先生掌舵的企业，与我工作和接触过的其他企业相比，拥有它们所不具备的东西。"

"只要和领导谈过，就会充满干劲。""领导总是能让我们士气高涨。"……假如公司的员工如此评价自己的领导，那就十分理想了。

告知下属工作的意义，从而激发其工作热情。从脑科学的角度看，在该过程中，大脑究竟发生了怎样的变化呢？在本章，笔者将对该问题进行探究和讲解。

告知工作的意义，能提高下属的工作热情

"分配给大家的这项研究工作，具有重要的学术意义。目前，不管是东京大学的，还是京都大学的，凡是无机化学专业的教授，都还未涉足这种氧化物烧结体。所以说，我们现在从事的是行业内最尖端的研究，该工作可谓意义非凡。"

"不仅如此，哪怕纵观全世界，大家当下的研究课题，也只有一到两家企业在做，可谓最前沿的研发工作，该项目一旦成功，便能制造出相应的产品，从而为人们的生活带来巨大益处，也是为社会做出巨大贡献。如此意义重大的研发工作能否成功，完全取决于大家平日的工作。我在这里拜托大家了！"……

假如只是命令员工"把这几种粉末在研钵里混合搅匀"，他们自然

不会有什么热情和干劲。正因为如此，我才会如此反复耐心，不断地对员工们诉说这种看似单调的工作背后所蕴含的意义。

内部刊物《盛和塾》117号

塾长讲话 第112回"治理企业的要诀"

美国北卡罗来纳州立大学（North Carolina State University）的格兰特（Grant）博士等人开展了一系列实验，旨在研究在"告知工作意义"后，听者的工作热情会出现何种变化。

实验：告知工作意义，提高工作热情

研究团队选取了呼叫中心的33名员工作为实验对象，他们平时负责为大学基金募集捐款。研究团队将他们分为3组。

第1组（12人）：

为了让该组成员懂得他们工作的意义，研究团队让每个人阅读两封左右的感谢信。感谢信是毕业生写的，在信中，毕业生讲述了奖学金如何改变了自己的人生，并对负责募集资金的呼叫中心员工表达了深深的谢意。

第2组（10人）：

对于该组成员，研究团队让每个人阅读两篇左右的感想。感想是呼叫中心的前员工写的，在文章中，前员工讲述了自己在从

事这份工作时获得的成就感,以及其对自己人生的良性影响。

第3组(11人):

对于该组成员,研究团队只让每个人帮忙做一份关于工作的问卷调查,而并不让他们阅读上述信件和文章。

1个月后,调查他们在工作中的表现变化。结果发现,与实验前相比,第1组成员的募集成功人数是先前的2.6倍,募集金额是先前的2.4倍;第2组成员的募集成功人数是先前的1.3倍,募集金额却减少了10%;第3组成员的工作表现则与第2组成员类似。

接下来是一组类似的实验,不过此次选取的实验对象所从事的工作较为特殊——研究团队招募了32名室内泳池的救生员。与呼叫中心的员工不同,泳池救生员的工作成果是隐性的,其本人较难在日常工作中时刻感受到工作的意义。

同样地,研究团队先把他们分为2组。

第1组(14人):

研究团队让每个人阅读4封左右的感谢信。感谢信是被救生员救起的溺水者写的。

第2组(18人):

研究团队让每个人阅读4篇左右的感想,感想是离职的救生员写的。在文章中,这些"前辈"讲述了这份工作对自己人生的良性影响。

1个月后,调查他们在工作中的表现变化。

救生员在上班前和下班后需要巡逻,这种巡逻为轮班制,且无额外报酬。研究团队发现,与实验前相比,第1组救生员参与巡逻的积极性是之前的1.4倍;与之相对,第2组救生员参与巡逻的积极性却降低了20%。

接着,研究团队找到了主管这些救生员的4名上司,向他们询问救生员们的近期表现。其中的主要问题是"对于前来游泳的客人,(救生员的)善意举动(诸如问候、微笑等)是否比以前增加了?"结果发现,第1组救生员的善意举动是之前的1.2倍;与之相对,第2组救生员的善意举动却减少了10%。

最后,通过问卷调查的方式,研究团队测试了这些救生员自身对工作意义的评价程度。结果发现,与实验前相比,第1组救生员对自身工作意义的评价程度是之前的1.1倍,而第2组救生员对自身工作意义的评价程度却降低了10%。

由此可见,人一旦明确了自己工作的意义,其工作热情便会高涨,而工作表现也自然会提升。

一般人往往认为,"为自己干活"的态度最能提升主观能动性,可事实并非如此。一味强调自我和私利,其实不一定能使人热情高涨或干劲十足。为他人做贡献,进而收获他人的喜悦和感谢,这才是提升工作等领域中主观能动性的重要秘诀。

稻盛先生一直强调"为社会、为世人尽力是人类最高尚的行为",而科学已然证明了这一理念的正确性。

小成就的不断积累,能提高下属的工作热情

  我(稻盛先生)的大学专业是有机化学,主修的方向是石油化学和合成树脂。对于制陶技术,我只是在就职前临阵磨枪地学过一点儿。因为当时我对无机化学并不是很感兴趣。

  但随着自己的努力研究结出成果,我对于制陶领域的兴趣渐渐浓厚起来。由于产生了兴趣,于是愈发努力地投入其中,结果又获得了新的成果。随着这样的循环,仅仅在一年左右的时间内,我便成功合成了新型高频绝缘材料,当时在日本尚属首次。

  在我成功的前一年,美国的通用电气公司已经成功合成了同种陶瓷材料,但我是凭借自己的技术工艺,独自研发成功的,这也是日本首次成功合成该材料。为此,我受到了周围人的大力赞扬,这不但让我十分欣喜,也让我树立了自信。从那以后,我的人生开始出现转机,做事情变得顺利了。

  "爱上公司""爱上工作"。我深切体会到,正是这样的品质,成就了如今的自己。

《京瓷哲学》(爱上工作)

  据稻盛先生所说,他原本对无机化学(制陶领域)并不怎么感兴趣,可随着埋头研究并获得成果,他渐渐爱上了该领域。这

其实是一个大脑逐渐激发工作热情的过程，因此具有重要的参考意义。

不管是学习还是观察，主观能动性都起着至关重要的作用。如果主观能动性较高，人就能激励自我，并且让身体充满能量。如果进展顺利，热情就会更为高涨；反之，如果屡屡受挫，热情就会受到削弱。

以网球练习为例，假如每次都能够回球成功，就会变得兴致十足。那么问题来了，在该过程中，人的大脑产生了何种反应呢？

对此，德国夏洛特大学（Charité Universität）的库恩（Kuhn）博士等人开展了一项研究。

成功体验对大脑的影响

在靠近大脑脑底的中心处，是名为"基底核"的神经核团，其包括名为"丘脑下核"的神经回路。还是以打网球为例，当不断回球成功时，丘脑下核的活性便会增强。换言之，一旦个体热情提升、干劲十足，它就会变得活跃。而在对该神经回路进行深入研究后，库恩博士的研究团队获得了颇为有趣的发现。

首先，研究团队找到了数名愿意配合实验的帕金森病患者。由于治疗需要，这些患者大脑的特定部位（丘脑下核）都植入了电极。研究团队让他们玩电脑游戏，从而观察"成功体验"及"失败体验"对大脑活性的影响。结果发现，如果实验对象在难度循序渐进的游戏中不断积累小小的成功体验，其丘脑下核的活性便会逐渐增强；反之，如果实验对象在游戏开始时就因为较高的难度而不断失败，那么其丘脑下核的活性与开始玩游戏前并无二致。

待游戏进行一段时间后，研究团队再次调查实验对象的大脑活动。结果发现，不断获得成功体验的实验对象的丘脑下核进一步呈现活性，其投入游戏的热情也大幅提升；与之相对，那些一开始就遭受挫败的实验对象则不同，他们的丘脑下核迟迟无法增强活性，对游戏也表现得兴味索然。

不仅如此，研究团队还发现，实验对象的热情程度直接影响了其游戏成绩。与后者相比，那些丘脑下核活性增强的人，他们在游戏中的操控正确率要高出30%。由此可见，在从事新事业、进入新领域时，应该尽早积累成功体验，比如"先给自己定一个小目标"，通过这样的良性循环，便能提高热情和干劲，这点至关重要。

有的电脑游戏之所以让人着迷和上瘾，也是基于该原理——通过难度逐渐提高的关卡设定，让玩家的得分一路增加，从而使其在不断通关的过程中积累成功体验，最终热情高涨、无法自拔。

我们常常认为"因为有热情，所以成功了"，可事实正相反——"因为成功了，所以才有热情"。

企业培养新人时亦是如此，在指导那些对工作尚不熟悉的新员工时，与其责骂他们"做不到什么"，不如先表扬他们"能够做到什么",从而树立他们的自信心。等他们通过不断积累小成就而变得热情高涨时,再伺机提升他们的工作难度,或是拓展他们的工作范围。因为此时的他们已经做好准备,能够应对新的挑战了。

以积极心态看问题,就不会视坚持为苦

　　他(实验助手)对我说:"你(稻盛先生)这人真是的,实验稍有成功,就高兴得跳起来。值得男子汉高兴得跳起来的事情,一辈子能有一两次就不错了。可你呢?每个月都要大惊小怪地跳起来好多次。"他这番话犹如一盆冷水,浇了我个透心凉。

　　我反驳道:"你说我这样太轻率,但在我看来,感激与感动之情是非常美好的正能量。正因为有感动,这个小实验室才能充满活力,从而不断攻克一个个难题。即便是小小的成就,也能从中获得喜悦,这难道不就是幸福的人生吗?"

内部刊物《盛和塾》23号 塾长讲话 第20回
"经营企业所必需的素质——关键在于'情与理'的极端结合"

　　稻盛先生强调,感激与感动是工作的动力之源,能够从小事中获得喜悦的人是幸福的。

　　那么问题来了,人一旦做到心态积极、情感朴实,其大脑会产生何种变化呢?研究人"行动的持续性"是脑科学领域的重要

课题之一，而该问题恰恰属于该课题的研究范畴。

"我能行""来试试看吧"……假如抱有这样的积极心态，便能够开始新事业或进入新领域，然后就像前面一节所阐述的那样——如果能够不断积累成功体验，就能够提升主观能动性。至于能否持之以恒，关键取决于"积极的心态"能否持续。

英国大学学院（University College）的拉里（Larry）博士等人进行的"坚持戒烟实验"，便是能够说明这一问题的典型案例。

如何将新行为持之以恒并使之成为习惯

该实验旨在弄清一个现实问题——如何让戒烟者能够坚持下去。为此，研究团队找来了一群烟瘾较重的实验对象，然后请戒烟专家前来指导。研究团队的调查项目很明确——何种指导方式能够较为有效地帮助吸烟者戒烟。

首先，实验对象被分为2组。面对第1组的烟民，戒烟专家在指导时着眼于积极的方面，比如会对他们说："和前几天相比，（你）1天少抽了2根呢。"

反之，面对第2组的烟民，戒烟专家在指导时着眼于消极的方面，比如会对他们说："（你）今天又抽了10根以上啊。"

结果发现，着眼于积极方面的指导方式更为有效，它能让实验对象感受到戒烟的"小小喜悦"，从而鼓励他们继续戒烟。

由此可见，要想让新行为持之以恒并成为习惯，就应该聚焦于积极的方面——譬如"做到了什么""完成了什么"，从而收获喜悦，这点至关重要。

此时，如果周围人（比如领导）能够对其予以鼓励，或者与其同喜同乐，就愈发能够维持其主观能动性。换言之，在该过程中，与对方"融为一体"也显得非常重要。

反之，如果周围人（比如领导）聚焦于消极的方面，对其予以批评和斥责，甚至采取诸如"命令""逼迫"等强硬态度，那么对方就会产生抵触情绪，从而热情骤减，主观能动性也随之跌入谷底。

回到刚才介绍的戒烟实验，实验对象总共591人，他们都是每天要抽10根以上，且烟龄超过20年的"老烟枪"。在接受戒烟指导的过程中，中途放弃的有306人。剩下的285人中，成功戒烟的有186人，复吸的有99人。

而这186人几乎都是当年被分到第1组的实验对象，他们接受了"着眼于积极方面的指导"。

总之，在开展新事业或进入新领域时，要想坚持下去，就必须保持积极的心态，着眼于积极的方面。同理，作为领导，在指导员工从事新工作时，也应该以积极的方式加以引导，这点至关重要。

如何培养出耐劳抗压的优秀下属

（各位公司干部）由于自身头脑聪慧，因此不太看得起下属，也不愿意手把手地教他们，往往只是稍加指导便了事。按理来说，在教育和培养员工时，企业应竭尽全力——不但要集各部门之力，手把手地言传身教，还必须不断培养出优秀的人才，以满足企业各部门、各环节旺盛的人才需求。要想出人才，领导必须拥有一双伯乐般的慧眼，对下属做到"人适其事，事得其人，人尽其才，事尽其功"。换言之，领导必须充分给予下属表现的机会，从而使其树立自信。这才是教育的真谛。

内部刊物《盛和塾》127号

塾长讲话 第123回"员工对领导的期待"

让受教育者"积累经验，树立自信"，这是教育过程中的关键所在。反之，假如指导者过多地施加压力，受教育者便容易出错，从而丧失自信。

具体到领导与下属的关系中，倘若在压力较大的环境下，则领导应该如何对待下属呢？

针对该问题，美国卡内基梅隆大学（Carnegie Mellon University）的克雷斯维尔（Cresswell）博士等人开展了一项研究，旨在调查人在承受压力时，其大脑的机能变化。

压力是否影响工作表现

作为实验对象，克雷斯维尔博士的研究团队召集了73名学生。在进行实验前，先以问卷调查的方式询问他们平日的压力感受。

然后将他们分为2组。研究团队让第1组学生"模拟体验"别人的成功经历，从而强化他们的"自我效能感"及"自我价值感"。

作为参照,研究团队对第 2 组学生不施加任何影响。

接着,研究团队让这 2 组学生做一系列测试题,从而调查他们的大脑机能。结果发现,第 2 组学生中,与压力感较低的学生相比,那些具有"慢性压力"倾向的学生的得分平均要低 30%。

而事先"模拟体验"过成功经历的第 1 组学生则不同——与压力感较低的学生相比,那些具有"慢性压力"倾向的学生的得分并不低。

由此可见,只要个体拥有自信,认为"自己能行",那么即便感受到了压力,其大脑机能依然能够维持较高水准。

各位读者所在的职场,情况又如何呢?领导是否激励员工积极向上,是否给予员工勇气,是否在热心培养员工呢?还是说对员工的成长不闻不问,不断对员工施加压力,斥责员工"总是一无是处"呢?假如是后者,那么其只会导致员工的大脑机能低下。

合格的领导应该想方设法地帮助下属树立自信,让下属觉得"自己也能行"。为此,应该在分配工作时拿捏好难度——以稍稍高出下属现有水平的难度为佳。下属完成后,应该予以肯定,从而使其树立自信,进而逐步增强其挑战更高目标的进取心,这点至关重要。

不仅如此,研究还表明,这种认为"自己也能行"的自我效能感,还与注意力和工作效率有关。美国西雅图华盛顿大学(University of Washington)的霍尔(Hall)博士等人便进行了相关的实验。

对于具有"慢性压力"倾向的人，如何提升其大脑机能

霍尔博士的研究团队找到了 80 名具有"慢性压力"倾向的人，并将他们分为 2 组。让第 1 组的人讲述自己曾经取得的成就及感到自豪的事情，从而激发他们的自我效能感。

作为对照，研究团队只让第 2 组的人讲述他们自己平日的习惯。

接着，研究团队让这 2 组人做一系列测试题，从而调查他们的大脑机能。结果发现，与第 2 组相比，第 1 组的平均得分要高 15% 左右。

由此可见，如果个体认为"自己也能行"，即拥有自我效能感，那么即便承受着压力，也依然能够保持较高水准的大脑机能。

而在上述实验结束后，研究团队又不动声色地增加了一项实验——在上述 2 组人员准备离开时，故意在实验室前面的桌子上放了一叠《退税申请单》，观察有多少人注意到了它们（凡是参加实验的人，都可以用它来获得一定额度的退税）。

结果发现，第 1 组中，有 48% 的人发现了《退税申请单》，并取走了；而在第 2 组中，仅有 14% 的人发现并取走了它们。

由此可见，如果个体认为"自己也能行"，即拥有自我效能感，那么即便具有"慢性压力"的倾向，也依然能够保持较高水准的注意力。

《京瓷哲学》一书中有名为"以'有意注意'磨炼判断力"的条目,其揭示了企业培养员工的要点——应该让员工在下判断时做到"有意注意",一旦员工养成了该习惯,不但有助于提高工作效率和生产效率,还能避免产生错误。

领导该如何做,才能最大限度地发挥下属的能力

要想提升下属的大脑机能、最大限度地发挥其能力,领导就应该在平时多给下属打气,让下属觉得"自己也能行",这点至关重要。

据一位京瓷的公司董事说,在和稻盛先生交谈时,一股工作热情和干劲会自然地从心底涌出。换言之,稻盛先生的言语让其获得了"自我价值感",让他觉得"自己在为他人发挥作用"。与此同时,人的"自我效能感"一旦增强,就会自然萌生一种积极的意愿——希望充分发挥自身能力。

可能有人会担心,假如领导整天给予下属"自我价值感"和"自我效能感",会不会使其变得洋洋得意、忘乎所以?这涉及人的"模仿本能",即人会下意识地受到平时所见所闻及周围事物的影响,进而模仿它们(参照第6章第2节"模仿同伴的行为是人下意识的本能")。

因此,领导的"以身作则"便显得十分重要,只要领导不盛气凌人、飞扬跋扈,并保持谦虚的态度,那么下属就会愿意将自身的能力"为大家所用,为同事所用"。

倘若在领导率先垂范的情况下,依然出现了自以为是的下

属,那么其可能抱有某种程度的心理创伤——譬如深层次的自卑感或缺失感。这时领导应该在充分了解其个人背景的前提下,赋予其本源性的存在价值,比如可以说:"对公司而言,你的存在具有无可替代的意义。"

像这样,领导根据下属的具体情况,予以激励、体恤和关怀,便有助于下属最大限度地发挥自身能力。

成为下属愿意追随的领导

京瓷哲学是探究"作为人,何谓正确"这一本源问题的哲学。换言之,其中心思想是"作为人,要以正确的方式完成正确的事情"。我常常强调,"贯彻公平竞争的精神"并不仅仅是京瓷哲学中的一个条目,而是整个京瓷哲学的中心思想。我所说的"公平竞争"是指公正。我一直不断强调,企业家应该把"尊重公平公正"和"以正确的方式贯彻正确的事情"作为企业规章制度的核心。对于不公平的现象及违规行为,要一律杜绝。对于规范,必须做到公司上下严格执行。

《京瓷哲学》(贯彻公平竞争的精神)

脑科学领域的研究表明,如果领导在下判断时能做到"遵循正义、公平不倚",则会对下属的工作表现造成巨大影响。

美国亚利桑那州立大学(Arizona State University)的瓦伦布瓦(Walumbwa)博士等人便进行了一项相关的实验。

领导该如何做才能培养出工作出色的下属

瓦伦布瓦博士的研究团队找到了一家制药公司,以该公司的 72 名领导和 201 名下属为对象,进行了问卷调查。这些下属在现任领导分管下的工作年限平均超过 3 年。研究团队给下属做的调查问卷包含以下项目,并让他们对每个项目做出评价,评价分为 5 个档次。

领导的伦理观:

- 我的领导能够做出基于正义的判断
- 我的领导能够做出公平不倚的判断

与领导的交流情况:

- 我的领导对我的潜力表示肯定
- 我能与我的领导顺利合作

对于工作的自信程度:

- 我认为自己具备相应的工作能力
- 我接受的工作培训是到位的(或者说领导的培训指导是人性化的)

与公司之间的纽带感:

- 我为能在这家公司工作而感到自豪

- 我能感受到与公司之间强烈的纽带感

研究团队给领导做的调查问卷包含以下项目,并让他们对每个项目做出评价,评价也分为 5 个档次。

下属的工作表现:

- 下属××的工作质量能够超出指示的要求
- 下属××的生产效率高于平均水平

待完成后,比对二者的调查问卷结果后发现,凡是工作表现较好的下属,其大多数与公司之间存在较强的纽带感,在工作中较为自信,且经常与领导交流。

更耐人寻味的是,凡是与上述类型的下属关系较好的领导,其伦理观的水准往往非常高。

可见,领导要想提升下属的士气,光靠激励还不够,周边环境因素(尤其是领导的人品以及下属与领导的关系)显得非常重要。

可以说,领导的人格与人性对下属的影响之大,甚至超出了大家普遍认为的程度。领导越是具备人格魅力,越是遵守道德准则,越是相信下属的潜力,那么下属就越能感受到自己与公司之间强烈的纽带感,其结果是充满自信,并且在工作中士气高涨。

反之,假如领导在下判断时不秉公而行,或者滥用职权、为所欲为,那么下属当然不会愿意对领导推心置腹。所以说,领导不要刚愎自用,自认为自己"公平公正""谦虚谨慎"。有句话叫"群众的眼睛是雪亮的",下属如何看待和评价领导才是关键。

自不必说,稻盛先生便是优秀领导的典型。福永正三先生曾任京瓷光电科技(KYOCERA OPTEC)的社长兼董事,他回忆道:"(稻盛先生)真是让我惊叹,他的言行完全一致。我当时心想,我一定要追随他,跟他一块儿干,一定有价值,一定有收获。"

总之,如果领导在下判断时能做到"遵循正义、公平不倚",如果下属觉得领导"行事公正,办事透明",长此以往,便能创造出一个良性的工作环境,从而使下属的工作表现得到提升。

下属的能力取决于领导的情绪

身为领导,必须时刻保持谦虚。

人一旦拥有权力、能够支配他人,其道德意识往往会下降,并且变得傲慢无礼、盛气凌人。如果一个组织或集团有这样的领导,那么即便取得一时的成功,也无法取得长足发展,并且迟早会人心涣散、队伍瓦解。

让人感到遗憾的是,如今的社会思潮不断强调自我。在这样潜移默化的影响下,人们恐怕会下意识地在自己的判断基准中掺入这种自私的社会倾向。人一旦忘却了谦虚的美德,就会导致各种消极的结果,譬如毫无益处的行为、毫无产出的活动等。

日本人自古以来的传统思想则与上述思潮相反,其崇尚"有他人,才有自我"的集体主义。从前的日本人把自己视为集团的一部分。在我看来，直至今日，这种思维方式都是确保集体和睦、成员协作的唯一法门。我们必须认识到，凡事都有两面性，并且要审视和摸透其两方面的真谛。

为了培养集体意识，做到与集体"同呼吸、共命运"，领导应该时刻保持谦虚，切勿忘记"有下属，才有领导"的道理。

《追求成功的热情》（做个谦虚的领导）

即便下达的是同一项指示，也可能导致下属截然不同的反应——下属可能热情高涨，也可能热情低下，关键在于领导如何对待下属。具体来说，如果领导想让下属在接到指示后积极行动，就必须重视布置任务时的情绪。

人在待人接物时，其情绪会对对方的能力发挥造成何种影响呢？美国纽约州立大学奥尔巴尼分校（State University of New York at Albany）的马雷文（Maraven）博士等人便开展了一项相关研究。

领导的情绪会左右下属的能力！？

马雷文博士的研究团队召集了32名实验对象，把他们分为2组。让实验对象根据指示进行一系列简单的电脑操作，研究团队让负责指示的人变换态度，从而观察实验对象的操作正确率有无变化。

研究团队还故意让实验对象在空腹状态下前来，并向他们展示看起来颇为美味的事物,但要求他们先忍住不吃。之所以这么做,是为了让他们在"自制力较低"的状态下操作电脑。

对于第1组,指导人员面带笑容地向实验对象讲解实验目的、重要性及具体内容,不但讲得简单易懂,而且在各个态度细节中表现出了对他们的感谢之情。

在要求他们忍住不吃所展示的美食时,也采取了体恤的态度和商量的语气——"不好意思,希望各位先不要吃它们,可以吗?有什么问题吗?"

而对于第2组,指导人员则故意表现得生硬和冷漠,并且通过各个态度细节表达出一种负面情绪——"像你们这种实验对象要多少有多少,我们可是很忙的。别废话!动作利索点!"

在要求他们忍住不吃所展示的美食时,也采取了冷漠的态度和不容商量的语气——"不可以吃它们。"并且在传达实验意义时,也是一副例行公事的态度。

接着,2组实验对象都在"饥肠辘辘""意志动摇"的情况下按指示操作电脑——观看在屏幕上只停留一瞬间的数字,只有在"4"之后出现"6"时,实验对象才应该按下按键。实验持续12分钟,结束后计算其错误率,从而打分。

结果发现,与第1组相比,第2组的平均错误率居然要高出2.4倍。

由此可见,即便实验对象在自制力较低的状态下,只要指导人员(即领导的角色)给予尊重,并以正面情绪对待,实验对象便能在操作中保持较高的准确率。

换言之，一个人待人接物时的情绪，会直接影响对方的能力发挥。

正如笔者在第2章第9节"谦虚之人的大脑隐藏着预测未来的能力"中所述，要想理解对方的情绪，关键在于保持谦虚的态度。只要领导能够时刻保持谦虚，就能有效把握下属的状态。

当下属由于所面对的压力而犯愁时，稻盛先生会怎么做呢？据原京瓷董事会成员小山倭郎先生所述，当年他因为无法完成试制品而夜不能寐时，发生了这样一段故事。

那时候的小山先生还在京瓷位于鹿儿岛的川内工厂工作。有一天，时任社长的稻盛先生从京都总部前来视察，当时已是晚上8点，稻盛先生却对大家说："咱们现在去海里游泳去。"

当时的小山先生满脑子都是试制品和交货期，但还是和研发团队一起去了海边，大家还点起了篝火，把从海里捞上来的贝类烤着吃。

就在那时候，稻盛先生对他说道："不管工作多么紧迫，都不要丧失心中的那份从容，不然好点子是出不来的。"

所以说，在下属面对困难而烦恼痛苦时，领导应该体察其情绪、理解其想法，并积极地予以指导。此乃领导应具备的重要品质。

第 4 章
领导描绘的未来蓝图能够鼓舞员工

　　领导与员工之间成功建立伙伴关系，并且向员工充分说明了工作的意义后，接下来要做的就是"描绘蓝图"了。未来蓝图能够进一步激发员工的工作热情，从而为企业发展提供巨大动力。

　　稻盛先生一直强调与全体员工共享未来蓝图。他相信，只要怀有强烈念想，再加上坚定的意志，在追梦之路上便能拥有披荆斩棘、无往不利的强大能量。

　　人在描绘愿景及展望未来时，大脑中负责实际体验的部位的活性会增强。许多运动员采用的"表象训练法"（image training），便是利用大脑的这种反应。换言之，由于人在想象时的大脑反应与实际体验时如出一辙，因此可以认为，表象训练能够取得与实际训练相当的效果。

　　此外，相关研究表明，想象还能够提高积极性与计划性。领导描绘具体的未来蓝图，并与员工共享，这不但能够提升大家的工作热情，还能够在员工的脑中"注入"向着梦想迈进的能量。

　　"描绘蓝图"可以归入第 1 章第 9 节"谦虚之人的大脑隐藏着

预测未来的能力"所阐述的"提升士气的行动",也正因为如此,"伙伴般的行动"便成了大前提。换言之,在成功构筑信赖关系的基础上,领导必须注意对待员工的态度和情绪,从而让员工积极向上、热情高涨。只有做到了这两点,"描绘蓝图"时才能取得成效。

说了这么多,"描绘未来蓝图"真的如此有效吗?就让我们从脑科学的角度出发,看看依据在哪里。

强烈而鲜明的梦想为何就能实现

早在京瓷还处于中小微型企业阶段,我(稻盛先生)便开始不断对员工描绘梦想。

"我们生产的特种陶瓷制品是世界电子产业发展的必要支柱,所以京瓷要迈出日本、走向世界。"

"所以说,虽然咱们创立时只是一家微不足道的街边小企业,但我打算让它发展成这条街道里最强的企业,也就是原町第一的企业。一旦咱们成了原町第一,下一个目标便是成为中京区第一;一旦咱们成了中京区第一,下一目标便是成为京都第一;然后是成为日本第一,最后要成为世界第一的企业。"

内部刊物《盛和塾》117号
塾长讲话 第112回《治理企业的要诀》

稻盛先生自京瓷创立起,就开始描绘梦想蓝图,不断强调:

"总有一天,京瓷要成为日本第一,进而成为世界第一的企业。"如此强烈而鲜明的梦想,其意义究竟何在呢?这个问题涉及"心中梦想"与"愿望成真"之间的作用原理。新西兰奥克兰大学(University of Auckland)的卡梅伦(Cameron)博士等人便研究了该课题。

他们的研究表明,生动描绘梦想和愿景具有重要意义——其能够激起人的目标意识,从而促使人为了实现目标而制订缜密计划、采取实际行动,而持续不断的强烈愿望则能够激活潜意识,使人下意识地将梦想落实于日常行为之中。

那么问题来了,我们该如何有效地描绘梦想和愿景呢?

有效刺激潜意识的表象训练方式

研究团队召集了120名学生作为实验对象,将他们分为4组,让他们进行为期4周的运动训练。与此同时,还选择性地让他们进行表象训练,具体如下。

第1组:过程型表象训练

第2组:梦想型表象训练

第3组:过程型+梦想型表象训练

第4组:不进行表象训练

(1)所谓的过程型表象训练,即让实验对象想象自己实际的运动过程。

(2)所谓的梦想型表象训练,即让实验对象想象自己达成最终目标时的状态、目的及意义。

（3）顾名思义，即结合第 1 组和第 2 组的表象训练。

4 周后，研究团队以积极性、计划性和行动（运动量）为标准，测试各组实验对象的变化情况。

表 4-1 中，把不进行任何表象训练的第 4 组视为参考基线（数值设为 1），从而反映其他 3 组在各方面的变化情况。

表 4-1

组 别	积极性	计划性	行动
第 1 组：过程型表象训练	1 倍	2.2 倍	2.5 倍
第 2 组：梦想型表象训练	2.2 倍	1 倍	2.3 倍
第 3 组：过程型＋梦想型表象训练	2.7 倍	3.2 倍	3.7 倍
第 4 组：不进行表象训练	1	1	1

一般认为，"想象成功时的状态和情景"（即第 2 组的表象训练内容）十分有助于实现目标，但上述研究表明，仅凭对成功的想象是不够的，还应该结合对整个过程的想象（即第 3 组的表象训练内容），才能取得更为显著的效果。

前面说过，生动描绘梦想和愿景具有重要意义——其能够激起人的目标意识，从而促使人为了实现目标而制订缜密计划、采取实际行动。正因为如此，在进行表象训练时，只有将"过程"与"梦想"相结合，才能发挥出最大效果。

这样一来，我们就能理解稻盛先生的良苦用心了——他向员工强调"要成为日本第一、世界第一"其实就是一种梦想型表象训练。

而在下面一节，让我们来看看稻盛先生是如何进行过程型表象训练的。

通过表象训练来锻炼大脑

在着手研发时，首先要在脑中构思好流程。比如，要使用哪些原料，添加哪些药品，使用哪些装置等，要把各个流程都考虑到位。我把它称为"模拟演练"。关键在于，要预估研发中可能出现的所有问题……

通过这样日复一日的"模拟演练"，最后感觉自己好像真的实验成功了，连产品的外观和形状都能在脑中清晰浮现。这便是"看到结果"的境界。

自己并没有亲自参与研发，但通过在脑中反复的模拟演练，却能够清楚细致地把握成品的外观和形状，这一过程便是"反复思考，直至'看到结果'"。如果脑中显现的只是"黑白画面"，这就说明还不够；只有呈现出逼真的"彩色影像"，才算是真正思考到位。如果能把所有问题和环节都想彻底，那么不管是研发产品还是开创事业，都势必能够取得成功。

《京瓷哲学》（深思熟虑到"看见结果"）

稻盛先生所说的"模拟演练"便是笔者在前一节中提到的"过程型表象训练"。前面讲过，过程型表象训练能够促使人为了实现目标而制订缜密计划。除此以外，它还能发挥另一种作用。

美国俄亥俄州克利夫兰医疗中心（Cleveland Clinic）研究院的罗斯（Ross）博士等人开展了一项相关研究。

进行表象训练时，大脑如何反应

罗斯博士的研究团队请来了6名高尔夫球手，让他们在脑中再现自己打高尔夫球时的整个过程，并同时观察他们大脑的活动情况。

结果发现，明明只是在脑中想象，可他们脑中负责实际运动的部位（运动皮质）、下达动作命令的部位（额前区及感觉运动区）、调整精密动作的部位（小脑）等都呈现出活性增强的状态，就好像个体真的在打高尔夫球一般。

不仅如此，当研究人员让高尔夫球手在脑中提高差点[⊖]时，他们大脑的反应与实际进行高难度比赛时如出一辙——运动区等部位的活性进一步增强。换言之，脑中的想象能够产生与实际体验相同的效果。

在体育界，人们常说，越是顶级的运动员，其在表象训练中所花的时间越长。通过在脑中反复"模拟演练"，这些优秀运动员使自己的成绩不断提高。

由此可见，脑科学领域的相关研究已然证明，实际的努力练习和训练自然必不可少，但在脑中反复"模拟演练"则能起到画龙点睛的作用，从而成就更为美好和光明的未来。

⊖ 差点，高尔夫球术语，指的是参赛者实力与标准杆之间的差数，提高差点等于提高了难度。

人们往往下意识地排斥"精神胜利法",认为脑中的想象并无多大意义,但事实并非如此——想象的确能够增强大脑的活性。

稻盛先生说过,人的行动皆由念起,而念皆由心生。比如交通工具的发明,最初人类只能依靠行走或奔跑来移动,于是在心中念想,"有没有更快速、更便捷的移动方式呢?"在此基础上,人类描绘出了梦想蓝图——新的交通工具。鉴于此,稻盛先生认为,人的心念最为重要。

上述实验中,高尔夫球手之所以能够进行表象训练,也是以"心念"为基础和开端的。同理,要想成为一名优秀的高尔夫球手,首先要抱有"想要出成绩"的强烈意愿,除了实际练习外,还要反复在脑中"模拟演练"整个练习过程(即过程型表象训练),并且不断想象自己达成目标之后的情景和褒奖(即梦想型表象训练),从而持续激活相应的神经回路,进而逐渐使大脑产生良性变化。

领导率先垂范能引导员工开创未来

在我(稻盛先生)接受重建JAL(日本航空)之托后,我的言行可能也感染了JAL的全体员工。我担任会长一职,却不领取一分钱工资;虽然年事已高,但依然全心全力地投入JAL的重建工作。我相信,这一切都在无形之中对员工们产生了影响……

面对我如此无私且努力的精神和态度,JAL的许多员工下意识地被感动,他们或许会想,"稻盛先生的年纪与我的父亲甚至祖父相仿,却不求回报地为原本并无交情的日本航空公司鞠躬尽瘁；而自己作为日本航空的员工，理应更加努力、更为用心。"

内部刊物《盛和塾》129号
塾长讲话 第125回"干法"

　　稻盛先生虽然年事已高，却依然临危受命，担任日本航空的会长，不但为重建公司倾注心血，而且不领取一分钱工资。如此大公无私、励精图治的态度，对全体员工起到了潜移默化的作用。于是乎，在短短两年内，日本航空便扭亏为盈，并实现V字形的业绩大逆转，当期利润额高达1 976亿日元。

　　当领导像稻盛先生这样以身作则、率先垂范时，员工的大脑究竟会出现何种反应呢？

　　美国圣路易斯华盛顿大学（University of Washington）的图班纳（Turpana）博士等人开展了一项研究，旨在调查大脑是如何描绘未来愿景的。

　　大脑回忆过往体验的原理十分简单，只要提取之前发生过的事实即可；但展望未来则不同，因为不管是将来的场景还是体验，在当下根本还未发生。那么问题来了，脑中浮现的未来愿景，究竟从何而来呢？

　　图班纳博士的研究团队招募了21名实验对象，让他们以"生日"为主题，在脑中浮现过去的体验及未来的愿景。在该过程中，研究团队通过MRI（核磁共振成像）设备来监测实验对象的脑部活动。

实验结果让人意外——大脑在浮现未来愿景时，其使用的神经回路和用于回忆过去的如出一辙。

换言之，负责回忆过去的神经回路，同时也负责展望未来。由此可知，人对于未来的愿景，其"素材"实际上源自过往的体验。

未来愿景，源于过往体验

未来愿景与过往体验，二者似乎截然不同，可为何却共用相同的神经回路呢？

原因很简单，人脑通过"拆解"过往所经历的场景和事物，并加以重新组合，便构成了未来的愿景。假如没有过去的体验作为"素材"，就无法（或者说很难）在脑中浮现未来的愿景。

想象未知情况时，全靠"假性体验"

那么问题来了，既然人在想象未来时基于过去的体验，那么在想象从未体验过的未知情况时，大脑就无能为力了吗？

答案当然是否定的。即便是过去未曾体验过的情况，个体也能从所见所闻中获得"假性体验"，进而在脑中描绘出具体的未来愿景。

在看完一本令人印象深刻的影片后，觉得自己与片中主角感同身受，这种体验想必人人都有过。这个实例十分典型——即便自己没有亲身经历片中主角的故事，但在五感的作用下，影片所讲述的故事已经深深植入观众的大脑。

同理,领导的率先垂范也好,改革创新也好,也会在五感的作用下,潜移默化地植入员工的大脑。

换言之,人在展望从未体验过的未来时,往往会基于"假性体验"——譬如听过的体验谈、看过的影像、阅读过的文章等。

按照该原理,假如领导希望下属积极地和自己打招呼,那么就应该以身作则,先积极地和下属打招呼,在这种持续的示范之下,耳濡目染,"积极和领导打招呼"的意识便会下意识地植入下属的大脑。所以说,优秀的领导会帮助下属在脑中描绘未来蓝图,进而引导下属将愿景变为现实。

"对话型领导"能让员工士气高涨

一旦明确了事业的目的和意义,接下来便需要制定目标和计划。在制定目标和计划时,领导固然要处于核心位置,但也必须广纳意见、群策群力。

作为领导,切忌单方面地下达命令,早在目标和计划的起草阶段,就务必让下属参与其中,从而使员工获得参与感,让他们觉得目标和计划"也有自己的一份功劳"。

内部刊物《盛和塾》49号
塾长讲话 [2] "领导应发挥的作用"

稻盛先生强调，在制定目标和计划时，必须广纳意见、群策群力。

不同的领导有不同的性格特征，那么怎样的领导才能够提升团队的工作表现呢？美国的大众刊物——《今日美国》（*USA Today*）曾刊登过一篇相关的文章。

文章指出，通过对全美各企业总计1 500名管理人员的调查，65%的经营管理干部认为"爱交际、外向、有支配欲"是领导应具备的性格特质。但最新的研究表明，这种"爱交际、外向、有支配欲"的领导，其所能发挥的作用往往较为局限；不仅如此，其还可能让整个团队陷入极为危险的境地。

比起善于交际者，善于内省者更适合当领导？

纵观历史，可以发现，许多扬名世界的伟大领导都不是那种"爱交际、外向、有支配欲"的类型；相反，他们往往具备"内省、稳重、民主"的性格特质。带领印度走向独立的圣雄甘地也好，解放黑奴的美国总统林肯也好，他们都是这样的人。

近年来，商界兴起一股新思潮，认为企业需要"革命性的管理者"，即所谓的"第五级领导者"（参考资料：《Visionary Company 2》，日经BP社出版），而"第五级领导者"的特质，其实就是"内省、稳重、民主"。

美国费城大学（Philadelphia University）的格兰特（Grant）博

士等人组织了6~7人的研究团队，对附近57家比萨外送店的管理模型进行调查。

结果发现，如果店长属于一味下达命令的"指示型领导"，那么更适合与被动型店员共事；与之相对，如果"指示型领导"碰到积极主动的"自燃型"店员，与第一种情况相比，店铺的利润额会降低15%左右。

原因很简单，"自燃型"店员善于独立思考，倾向于提出各种意见和建议；而对于喜欢独断专行的"指示型领导"而言，这样的店员是令人不快的；双方自然无法和谐相处。

根据店铺利润率由高到低的顺序，研究团队把店长与店员之间的不同组合进行了排列，具体如下。

（1）对话型领导＋自燃型店员

（2）指示型领导＋被动型店员

（3）指示型领导＋自燃型店员或者对话型领导＋被动型店员

"对话型领导"为何能创造较高的业绩

上述调查结果打破了人们的普遍"常识"。我们发现，与指示型领导相比，对话型领导更能调动员工的积极性，从而创造更高的利润及更好的业绩。

对话型领导往往能够理解员工的实际情况，并尊重员工的点子和创意；在这种领导的感染下，员工们就如同"自燃"一般，不断萌生对工作的热情；这是一种加成效果，一种良性循环。所以说，与指示型领导相比，对话型领导更能激发团队的士气和干劲。

但也要注意，当员工是亟须接受指导的新人，或者是习惯奉命行事的类型，这时指示型领导的优势就体现出来了。而上述调查结果也证明了这一点。所以说，凡事无绝对，领导要根据实际情况，灵活应对。

那么，稻盛先生是怎么做的呢？

曾先后担任京瓷社长秘书及第二电电专务兼董事的下坂博信先生回忆道：

"只要周围的环境有变，（稻盛）名誉会长便会立即理解当前状况，并思考何为'当下头等大事'，并做出相应的判断。

"不少位高权重的社长往往倾向于坚持己见，很难接受不同的声音；但我们的名誉会长却不同，他总是会认真观察、仔细问清具体状况，并在此基础上灵活应对，从而做出正确的决定。"

换言之，相关的科学研究已然证明，领导只有在充分征求下属意见的基础上做到"兼容并包""为我所用"，才能最大限度地提升团队整体的工作表现。

认真聆听便能成功"读心"

客户为了控制自家生产成本，自然希望以尽量便宜的价格采购所需零部件。"这个部件，你们公司的报价是多少？"这是客户肯定会提的问题。而等到我们公司的业务员把制作完成的报价表交给客户后，对方又说:"我们无法接受这个价格,别家供应商的报价比你们便宜一成,所以这订单没法给你们。"我们的业务员大吃一惊,于是慌忙跑回公司。

业务员想着:"这样的报价无法拿到订单,必须再便宜点儿。"于是重新制作报价单,再一次拿给客户看。可对方瞥了一眼后,态度冷淡地回应道:"这个价格还是不行。另一家供应商后来又降价了。"换言之,客户在掂量哪家更便宜……

我(稻盛先生)在听了事情的原委之后,总觉得哪里不对劲。竞争对手也不可能在短时间内把成本压缩得这么低。……对于从客户那里回来的业务员,我会详细问询其交涉的具体情形——"你的意思我明白了。那么我问你,和你碰面的是对方公司的什么人?你一开始是怎么和对方打招呼的?然后对方说了什么……"像这样,通过询问细节,我力图在脑中准确无误地再现当时的情景……

"我当时是这么说的,然后对方是这样回应的……"就这样,我让下属在我面前一字一句地"模拟情景"。虽然我不在现场,但为了判断对方的真正意图,我便绞尽脑汁地想出了这个获取线索的办法。

《京瓷哲学》(定价即经营)

上述的真实故事发生在稻盛先生与当时营业部门的业务员之间。对于客户的言语,业务员照单全收、信以为真,因此慌乱不已;而稻盛先生则不然,他沉着冷静,让业务员再现整个对话过程,据此思考客户的状况,进而摸透客户的真正意图。

那么问题来了,同样是聆听对方的言语,"只是单纯地接受信息"和"力图把握对方的真正情绪和意图",在这两种心理状态下,大脑的活动会有差异吗?美国普林斯顿大学(Princeton University)的史蒂文斯(Stevens)博士等人便开展了一项相关研究。

调查大脑耦合现象的实验

史蒂文斯博士的研究团队首先让实验对象讲述自己高中时代的故事,并进行录音,同时监测其大脑活性的变化情况;然后让11名实验对象聆听上述讲话录音,同时监测他们大脑活性的变化情况。接着询问这11名实验对象对录音内容的理解程度,并比较说话者与听话者大脑的活性变化情况。

结果发现,对录音内容表示"非常理解"的听话者与说话者之间发生了"大脑耦合现象"——二者负责领会对方意图的神经回路也好,负责管理"别人眼中的自我形象"的大脑部位也好,甚至是生成自我意识的大脑部位,都呈现出惊人的耦合现象。

所谓"大脑耦合现象",是指在说话者大脑特定部位活性增强的1~3秒后,听话者大脑的相同部位产生相同反应的现象。

顺便提一下,那些表示对录音内容"无法理解"的听话者则相反——他们的大脑并未出现耦合现象。

更耐人寻味的是另一种耦合现象——听话者大脑特定部位活性增强在先,说话者大脑相同部位活性增强在后。这种情况出现在对录音内容高度理解的实验对象身上,他们脑中负责推测对方意图的神经回路呈现出较强的活性,且该现象先于说话者发生。

这种耦合现象又被称为"逆向耦合",只有听话者认真聆听,且做到感同身受,才能到达该境界。而一旦到了该境界,听话者就能成功预测对方接下来要说什么。

请读者们想一下,各位在聆听周围人的言语时,其认真程度有几分呢?"这个人说的话不太好懂""那个人应该是这个意思吧"……假如像这样一知半解或者妄下定论,"心意相通"的大脑耦合现象是不会发生的。于是乎,虽然听话者自认为在聆听,但其实根本无法理解对方的真正意图。

领导亦是如此,只有认真聆听下属的言语,达到"逆向耦合"的境界,才能与之构筑牢固的信赖关系。

只要努力磨炼,大脑就能不断成长

能够在工作中实现新目标的人,是那些相信自身可能性的人。如果仅以现有的能力判断"行或不行",就不可能挑战新事物,也不可能完成困难的工作。要知道,通过持续努力,人的能力可以无限扩展。

想做成某件事情时,首先要相信"人的能力是无限的",然后心怀"无论如何都必须成功"的强烈愿望,持续不断地付出努力。京瓷从零开始,直至成为世界顶级的制造商,恰好证明了这个道理。

要始终相信自己拥有无限的可能性,并鼓足勇气,敢于挑战,这种精神非常可贵。

《京瓷哲学》(追求人类的无限可能性)

大家常说，人的能力是无限的，那么事实是否如此呢？想必每个人都经历过挫折，觉得自己的能力遭遇了瓶颈。

那么问题来了，人类大脑的成长机理是怎样的？曾经有一段时间，许多科学家都认为发育期结束后的脑细胞会停止再生，等待它们的是衰老和死亡。

而事实是否如此呢？针对该问题，德国雷根斯堡大学（Universität Regensburg）的德拉冈斯基（Draganski）博士等人开展了一项研究。

德拉冈斯基博士的研究团队召集了24名实验对象，他们的平均年龄为22岁。研究团队将他们分为2组，让第1组的人练习抛球杂耍，练习时间跨度为3个月；第2组的人则什么都不做。

3个月后，研究团队调查两组实验对象的大脑变化情况。结果发现，第2组的人几乎没有变化，而坚持练习抛球杂耍的第1组则不同——他们脑中与动态视力相关的部位有所增厚，且平均增厚幅度达3%左右。

又过了3个月，研究团队再次调查第1组实验对象的大脑变化情况（此时他们已经停止练习抛球杂耍达3个月）。结果发现，他们脑中与动态视力相关的部位变薄了，但依然比实验前要厚2%左右。

可能有人会说，这是因为上述实验对象都还年轻，他们的大脑自然具有较高的可塑性。那么问题来了，如果把实验对象换成年纪更大的人呢？

大脑的成长,能够突破年龄限制

德国汉堡大学(Universität Hamburg)的布瓦克(Boigk)博士等人请来了一批平均年龄为60岁的实验对象,实验内容与德拉冈斯基博士的相同——将他们分为2组,让第1组(25人)练习抛球杂耍,练习时间跨度为3个月;第2组(25人)则什么都不做。

3个月后,研究团队调查两组实验对象的大脑变化情况。结果发现,第1组实验对象脑中与动态视力相关的部位有所增厚,且平均增厚幅度接近4%。由此可见,60多岁的老年人也好,20多岁的年轻人也好,他们的大脑变化情况如出一辙。

从上述实验可知,大脑似乎具备超强的适应性,能够随着个体年龄的增加而进行自我调节,从而保持最佳状态。即便个体步入高龄,大脑依然能够充满活力。换言之,从人出生到死亡,大脑的成长会一直继续。

在《京瓷哲学》一书中,有如下记述:

"只要每天早晚坚持运动,就能把身体锻炼好;只要努力学习,就能使成绩提高。可见,不管是健康能力还是学习能力,抑或其他各种能力,都是能够发展进步的。如果能力没有提升,说明你没有去磨炼它。因此我们要从现在做起,努力磨炼自身能力。"

所谓"能力的发展进步",其实就是新建脑中神经回路的过程。大脑的变化无法一蹴而就,需要循序渐进、日积月累。关键要舍得付出耐心和时间,不断磨炼自我,从而掌握自己想要的知识和技能。

脑的适应性超乎你想象

怀有远大的理想和愿望固然重要，但即便树立了远大目标，也必须在日常工作中脚踏实地，做许多看起来简单乏味的事。这让我们有时会感到苦恼，抱怨"自己的梦想和现实之间差距太大！"

可是要知道，不管哪个领域，在取得丰硕成果之前，都必须对工作进行改良改善，还必须做基础性实验、收集数据、四处奔走争取订单。换言之，必须脚踏实地，努力工作，反复坚持，精益求精。

请不要忘记，伟大的事业不是现成的，唯有一步步的努力和积累，方能成就。

《京瓷哲学》（脚踏实地，坚持不懈）

说到"脚踏实地，坚持不懈"，有的人可能会心生怯意。但如果能够做到这点，大脑便能够发生惊人的变化。

人类大脑具备超乎想象的适应性。加拿大西安大略大学（University of Western Ontario）的泰勒（Tyler）博士等人便开展了一项相关研究。

泰勒博士的研究团队找到了一名视觉障碍者，当时他43岁，在日常生活中完全依靠听觉来感知世界。自他出生后的第13个月起，他便完全丧失了视觉。按照一般的常识推断，从那以后，他大脑中与视觉有关的部位（视觉皮层）应该就不再发挥作用了。

可研究团队发现，这名视觉障碍者对周遭环境把握得十分准确——比如屋外的汽车、电线杆、树木以及开阔的海岸等，他几乎能够一一言中，简直就像能看到一样，且正确率高达99%。

研究团队还问他是如何把握空间大小的，他的回答是"用舌头和口腔反复制造声音，然后根据反射回来的声音判断空间的大小和周边的物体"。

换言之，他能够以声音为工具，从而认识这个世界。

研究团队接着使用MRI（核磁共振成像）设备，监测其大脑对声音的反应情况，结果取得了惊人的发现。

人脑具备惊人的适应性

假如是视觉和听觉健全的人，那么其大脑处理"眼见"和"耳闻"信息的神经回路是不同的——视觉皮层和听觉皮层。

而上述实验对象则不同，因为他丧失了视力。可研究团队发现，他在听到声音时，不仅其大脑负责处理声音的神经回路（听觉皮层）会有反应，就连原本负责处理图像的神经回路（视觉皮层）也会有反应。按照之前的"常识"，既然眼睛看不见了，那么负责处理图像的视觉皮层就不发挥作用了，可实验结果却大相径庭，这着实令人感到震惊。

换言之，实验对象由于丧失了视力，因此只能依靠听觉来感知世界，但其在感知世界的过程中，其大脑神经回路的反应却与普通人无甚区别，仿佛他也能看到东西一般。

由此可见，人脑的适应性简直超乎想象，即便遭遇困难，只要积极向上、坚持不懈，在日积月累之下，新的才能便能开花结果。

那么问题来了，如何才能做到坚持不懈地努力呢？

美国密歇根州立大学（Michigan State University）的路易斯（Louis）博士等人研究发现，"与未来的自己建立联系"是激励人坚持不懈的关键。

比如在脑中描绘自己未来的理想状态，然后想象自己已经实现了这样的状态，于是奋发向上的情绪便会油然而生，进而激励自己"为了让自己能有这一天，要从现在开始努力！"

除了这种正面的现象外，完全逆向的反面现象也能实现类似效果。有的人会不断在脑中告诉自己"我将来可不要变成这样"，在这种危机感的自我鞭策下，便获得了使自己持续努力的动力。

针对该问题，路易斯博士的研究团队进行了一项非常简单的实验。他们找来一些没有为自己将来养老而储蓄的人，让他们在脑中想象自己老年生活的情景。结果发现，这些实验对象都或多或少地改变了想法，觉得应该在平时注意储蓄，以备养老之需。

总而言之，通过让当下的自己与未来的自己建立密切联系，便能激发人的努力之心，从而使人做到脚踏实地、坚持不懈。

《京瓷哲学》一书中有"描绘梦想"的条目。在笔者看来，"描绘梦想"便是与未来的自己建立联系。一旦拥有这种联系，要做到"脚踏实地，坚持不懈"便不再困难了。

内容积极的对话对员工大脑有益

不管身处何种逆境,不管遭遇何种艰辛,都始终保持乐观开朗的心态,满怀理想和希望,坚韧不拔,努力奋斗,这才造就了今天的京瓷。

人生充满光明和希望。要抱有信念,时刻坚信自己"一定会迎来辉煌的人生",这点至关重要。切忌牢骚满腹,切忌郁闷消沉,不要憎恨别人,不要妒忌别人。这类消极情绪将使人生黯淡无光。

道理很简单。对自己的未来充满希望,乐观开朗,积极行动,这是促使人生和事业顺利发展的首要条件。

《京瓷哲学》(保持乐观开朗)

人在遭遇苦境或逆境时,往往会抱怨和埋怨;但稻盛先生认为,即便在这种情况下,也应该保持乐观开朗。

相关研究表明,哪怕是同样的对话,说话者的不同情绪(如正面情绪和负面情绪)会对周围听者造成截然不同的影响。

英国南安普顿大学(University of Southampton)的托马斯(Thomas)博士等人开展了一项研究,旨在证明交流行为的两面性。

内容积极的交流能够拯救患者

根据调查,托马斯博士的研究团队得知,来大学附属医院就诊的校外人员中,有40%~60%的人的诊断结果是健康的。

以上述没有诊断出任何疾病的人为对象，研究团队选取了200名实验志愿者（这些志愿者当时并不知道自己真正的诊断结果），用于研究医患交流对患者症状的影响。

实验对象被分为两组。

面对第1组实验对象，医生采取积极的对话交流——比如"根据诊断结果，你只是有点××问题（杜撰的病名或诊断结果）而已，过个两三天就会好转。"

面对第2组实验对象，医生则采取消极的对话交流——比如"目前还无法做出明确诊断，我也不知道该怎么做。"

两周后，研究团队给上述两组实验对象发放反馈卡，从而调查他们的感受和反应。卡片上写有如下问题：

（1）症状消失了吗？

（2）在看病后的第几天消失的？

（3）（你觉得）需要复诊吗？

通过上述问卷调查，研究团队获得的结果如下：

医生以积极对话交流的第1组，不管有没有开药，64%的人都表示症状有所好转。

与之相对，再看以消极对话交流的第2组。开药的人中，仅有42%的人表示症状有所好转；而在没有开药的人中，感到好转的比例仅为36%。

由此可见，哪怕是同样的诊断结果，积极的对话交流能够强化患者的自愈能力，而消极的对话交流则会削弱这种自愈能力。

请各位读者想一想，自己在与他人的日常对话交流中，是积极的内容更多呢，还是消极的内容更多呢？

总之，交流行为不仅会对自身大脑产生影响，还会对周围人的大脑施加影响。所以说，交流行为具有两面性，人们既可以从中获益，也可能深受其害。

第5章
领导提出的明确任务能够团结人心

在第4章，笔者阐述了领导描绘未来蓝图的重要性，其能够鼓舞员工、激发能量。而在做到这一步后，接下来便需要团结全体员工的力量。稻盛先生认为，要实现这一点，关键在于"明确任务"。

树立公司的使命与目标，即明确任务（须符合大义名分），并与全体员工共享。通过这种方式，便能使全体员工做到"矢量一致"，从而有效发挥集体智慧。通过这种集体智慧效应，即便个体的智慧平平，其集体智慧也能远远超过单个天才。近几年的科研成果表明，诸如"三个臭皮匠，赛过诸葛亮"的说法是有科学道理的。

假如一家企业拥有获得全体员工赞同和共鸣的崇高目标，就能促使员工大脑的抗压性增强，从而能够直面各种逆境、克服各种困难，进而发挥惊人的力量。

关于"大义名分"，稻盛先生是这么解释的：

"如果能做到抛弃小我，一心为公，一股强大的精神和活力便能从心底生起。……

"而这正是'大义名分'所带来的能量。一旦能够远离私念，做到'为对方、为周围人着想'，内心便能到达'真善美'的殊胜境界，强大的正能量也会自然涌出。不仅如此，宇宙本身就是善念的集合体，因此才能孕育万物、生生不息。而持善根、重善根，便是与整个宇宙和谐同步，当然能够收获善果。"

一旦集体智慧得到有效发挥。那么就能产生超越单个天才的效果。于是乎，集体中的个体便会积极向上、充满活力，并找到自身价值，最终实现稻盛先生所提倡的目标——"追求员工物质和精神两方面的幸福"。

在本章中，笔者将从脑科学的角度出发，对"大义名分"的目的（即明确任务的效果）进行探究和讲解。

拥有崇高目标，能够增强大脑机能

我（稻盛先生）年轻时，京瓷的规模还属于"中小微型企业"的范畴，但我已经在思考企业的"大义名分"，即京瓷存在的意义。我对各位也怀有同样的期望，希望大家能够树立崇高的目标，高到能够自豪地大声宣布"自己将穷尽一生，为了如此有意义的事业而奋斗"，并使下属能够由衷地对各位的"大义名分"表示赞同。如果各位领导下的员工能够主动请命，对大家说"自己希望能为这份有意义的事业出一份力"，那么这个集体便是良性的、理想的。各位必须朝着该目标而努力。

>内部刊物《盛和塾》117号
>
>塾长讲话 第112回 "治理企业的要诀"

被稻盛先生称为"大义名分"的崇高目标，究竟会对大脑造成何种影响呢？

美国芝加哥拉什大学（Rush University）的博伊尔（Boyle）博士等人进行了一项研究。他们在征得1 400多名老人同意的前提下，从中选取了246人（平均年龄为88.2岁）作为实验对象，对他们健在时及去世后的大脑状态进行了调查。

拥有人生目标，大脑便不易衰老

研究团队每年对上述实验对象进行大脑健康检查，并测试他们的记忆力、逻辑思考力等大脑机能，测试总计19项。此外，研究团队还采取问卷调查的方式，询问他们"是否拥有人生目标"；如果有，那么"有多崇高""是否达到了'大义名分'的境界"。

结果发现，凡是人生目标中包含崇高社会意义的人，其身患阿尔茨海默病（一种精神与肉体全面衰退的老年性痴呆症）的概率要比其他人低71.4%。哪怕得了老年痴呆，其大脑机能的衰退程度也要比其他人低66%倍。

前面说过，在征得实验对象生前同意的前提下，研究团队会对死后的实验对象进行脑部解剖，从而确认其大脑是否受到阿尔茨海默病等痴呆症的侵蚀。结果发现，越是拥有崇高人生目标的人，其脑细胞越难被侵蚀和破坏。

不仅如此，他们（即拥有崇高人生目标的实验对象）不易陷入忧郁或身患疾病，往往状态良好，且健康长寿。所以说，脑科学领域的相关研究已然证明，若想让大脑保持健康运转，就要拥有能够被称为"大义名分"的崇高人生目标。

曾任 KDDI 株式会社专务兼董事的楢原常荣先生回忆道，第二电电（KDDI 的前身）创立之初，员工都是来自各家企业的"凑拢班子"，大家之所以能够团结一心，完全归功于稻盛先生提出的崇高理念——"要把日本老百姓的话费降下来""要抓住这百年一遇的机会，改变日本通信业的现有格局""动机至善，私心了无"。楢原还说道，倘若没有这样的"大义名分"，那么当初的第二电电或许与乌合之众没有区别。

一旦拥有能够被称为"大义名分"的人生目标，不仅能维持大脑的健康状态，还能发挥集体智慧（参照第 5 章第 7 节"'庸才'团队能够完胜天才团队！？"），进而使团队成员做到"上下一心"。

获得永不服输的力量，战胜一切困难

（在第二电电的筹备阶段，）我（稻盛先生）曾说："如此高风险的事业，真有人愿意一起干吗？……姑且先把公司的年轻人都召集起来吧。"于是，在一个星期日，我与一群年轻人坐在一起，结果发现其中有不少人表情呆滞，似乎在说"我只是被上司拖来的而已"。我知道这样是不行的，为了给他们鼓劲，我凭着满腔热情，对他们讲述新事业的意义。我告诉他们，政府将通信事业民营化，并允许民企进入该领域，这是百年一遇的机会。我对他们说道："如此珍贵的机遇，各位又正好拥有通信领域的相关知识和技能，再加上有我充当领头人，这些机缘巧合的环环相扣，是多么来之不易啊。如果没有感到热血沸腾，就不是男子汉……"我竭尽全力地鼓舞他们，一次不行，就两次；两次不行，就三次……类似的动员大会，我总共开了好几次。

……要让团队拥有气势，要让全体成员充满干劲、热血沸腾，这点至关重要。

要想开展新事业，首先需要热情，然后便是动机。必须提出让成员信服和接受的动机或意义。好的动机具备普遍性，不但能让直接在场的听者接受，也能让其他的团队成员接受。……

比如，一个人下岗后，为了糊口，便在晚上摆上夜宵摊，卖起了乌冬面。当被问起缘由时，不要丧气地说"自己被社会淘汰，迫不得已才改行的"，而应该赋予新事业以高尚的动机和意义。这不但能够激励自我、点燃希望，还能感染自己的妻子、家人和朋友，从而促使自己鼓足勇气、迈向未来。……

动机不要局限于自身和当下，要眼界开阔、高瞻远瞩，能包含公益性则更为理想。至少不要一味追逐自己的成功，而应该努力实现全体员工的幸福，这是最基本的境界。

内部刊物《盛和塾》1号

塾长讲话 第1回"创业之初"

这便是稻盛先生创建第二电电时的事迹之一,为了让整个团队积极参与,他做出了上述提升士气的行动。改变自我也好,改变他人也好,其实皆非易事,这是由人脑的自然倾向决定的——为了保持人体的安全和稳定,大脑总是在尽量避免人体消耗过多能量。因此对所有变化都会产生或多或少的抗拒。

鉴于此,在做一件新事情,或开展一项新事业时,就需要拥有强烈的动机。而"大义名分"则是最为理想的目标和动机,其能够有效增强大脑的活性。

不仅如此,研究发现,"大义名分"还能让人较快摆脱低落的情绪,增强抗压能力,从而使大脑变得"擅长克服困难"。可见,一旦拥有崇高的目标和动机,便能获得巨大的力量。

美国威斯康星大学(University of Wisconsin)的谢弗(Shaffer)博士等人便开展了一项相关研究。

谢弗博士的研究团队发现,大脑的"加速装置"(参照第1章第9节"应该如何做,才能与下属建立伙伴关系")一旦活性增强,个体就能从"受惊"或"消沉"等负面情绪中迅速恢复常态。即便遭遇令人动摇的突发情况,也能较快地恢复冷静、保持自我。

此外,研究团队还发现,具备上述特质的人,其不仅大脑的加速装置较为发达,而且往往拥有明确的人生目标。

研究团队的具体实验很简单,他们召集了253名平均年龄为54.7岁的实验对象,调查他们的人生目标与日常行为之间的关系。

研究团队为了量化实验对象的人生观，把评分范围设定在 0~70 分。0 分表示完全消极的人生观，即认为"人生只是一系列重复的偶然，并无意义"；70 分表示极度积极的人生观，即认为"人生充满意义"。根据该评分标准，研究团队让每名实验对象做出自我评价。然后用手枪射击的声音来惊吓他们。

顺便说一下，不管是从惊吓中平复，还是从消沉中恢复，这两种"精神自愈能力"是相互关联的。

结果发现，得分在 20 分左右的实验对象，其从惊吓中平复的速度普遍较慢；与之相对，得分在 50 分左右的实验对象则普遍较快。可见，一旦个体拥有明确的人生目标，其大脑加速装置的活性便会增强，即便陷入负面情绪之中，也能迅速恢复正常。

稻盛先生的《经营十二条》中的第 1 条便是"明确事业的目的意义，树立符合大义名分的崇高目标"。倘若能够真正领会并实践该条目，便能激活大脑的抗压能力，从而克服任何困难。

不管是对于自己的事业还是人生，一旦拥有符合大义名分的崇高目标，大脑便能维持健康状态，并且养成不畏困难、百折不挠的性格。当遭遇困境和逆境时，人脑的"制动装置"便会激化消极和退缩的情绪，这是人的本能所致，但如果个体拥有大义名分，便能迅速调整心态、走出低谷。脑科学领域的相关研究已然证明了这一点。

一些人在困难面前会立刻气馁和退缩，他们往往会说："为了所谓的大义名分，赌上自己的人生，实在没有这个勇气！"

可他们搞错了因果顺序，脑科学的相关研究表明，并非"因为不退缩，所以才敢遵循大义名分"，而是"因为拥有大义名分，所以才敢不退缩"。

从江户时代幕府末期到明治维新时期，可谓日本历史上最为风云变幻的时期之一。当时的许多志士面对不得不拼上性命的严峻局面，却毅然贯彻自己的原则和志向，他们可谓日本近代发展的中流砥柱。纵观这些英勇志士的精神状态，与上述脑科学的理论可谓殊途同归。

领导应该注意什么，才能让下属达成目标

各位平时既给员工发工资，也给员工发奖金，但要想成就真正优秀的企业，就必须与员工建立超越这些物质条件的关系，从而使员工全心全意追随各位。

领导与员工心意相通、犹如一体，这才是理想的组织形态。……

让员工对各位心生敬佩和爱戴之情，并一心追随；而各位则必须以如此理想的人际关系为基础，把企业做大做强，从而实现全体员工的幸福追求。……

那么问题来了，究竟该怎么做，才能让员工对自己心生敬佩和爱戴之情呢？答案其实很简单，倘若各位只爱自己，那么没人会爱戴各位；唯有抛弃小我、牺牲私利，把员工摆在第一位，才能赢得员工们的敬佩和爱戴。

> 内部刊物《盛和塾》117号
>
> 塾长讲话 第112回《治理企业的要诀》

"想追随领导""想为领导而努力"……要让下属心生这样的感情，领导平时应该如何对待下属呢？

瑞士纳沙泰尔大学（Université of Neuchâtel）的王（Vuong）博士等人开展了一项研究，研究的主旨很简单——领导应该注意什么，才能让下属达成目标。

领导的情绪会"传染"给下属

作为实验对象，王博士的研究团队从某家公司请来了113名员工，让他们详细记录自己在过去7天内与他人的交流情况（包括和谁交谈、和谁有交集，以及10分钟以上的谈话和自认为重要的简短谈话内容），并加上自己当时的情绪状态及行为举止（比如自己当时是否采取了恰当的行动）。

研究团队分析了收集到的1 535项数据（其中有930多项属于实验对象与上司或同事的交流），其结果如下：

- 能够达成目标的下属。其领导平时在对待下属时，往往能够激起员工的正面情绪。
- 领导的正面情绪成功"传染"给了下属（当双方构筑了信赖关系时）。
- 领导的负面情绪成功"传染"给了下属（越是缺乏信赖，

这样的现象就越严重）。

- 很难达成目标的下属。其领导平时在对待下属时，其态度往往是傲慢的。

由此可见，为了让团队达成目标，领导平时在对待下属时，必须激起下属的正面情绪。此外，由于领导的情绪会"传染"给下属，因此领导自己必须首先保持正能量，这点至关重要。

但要注意的是，当下属在担心或烦恼时，假如领导只是一味地传播正能量，也是无法奏效的，这时应该体察下属的情绪或心结，并为其排忧解难。倘若领导能够做到这点，不仅能够有效调动下属的积极性，还能与之构筑稳固的信赖关系。

如何不被负面情绪左右，如何获得"幸福的大脑"

"慈悲万物，关爱万物，使万物变得更加美好"，这便是流淌在宇宙中的意志。这与"只顾自己利益"的自私之心完全对立。因此我们在心中也应该希望宇宙中的森罗万象、万事万物朝着好的方向发展，从而与宇宙的关爱之心实现和谐与同步。

有的企业家或许推崇所谓的"狼性"，认为"就算排挤他人、破坏他人利益，也要让自己飞黄腾达、赚个盆满钵满"。由于这种思想与宇宙的意志背道而驰，因此经营事业注定无法顺利长久。

反之，如果企业家的心中充满爱，那么其思想便与"宇宙的意志"同步，经营事业自然能够一帆风顺。不仅如此，倘若企业家拥有如此美好的心灵,即便其个人觉得"自己的企业不用再发展了,不必再扩大规模了",企业还是会水到渠成地不断发展壮大,因为这个世界的"规则"便是如此。为了让心中充满爱,就需要做到我在前文中阐述的"提高心性"。

《京瓷哲学》(与"宇宙的意志"相协调)

在前一节,笔者阐述了领导的情绪会对下属造成影响,并强调了领导传播正能量的重要性。话虽如此,但领导也是人,难免会有情绪低落的时候。而只要不断提高心性,勤修"为世人、为社会尽力"的利他之心,便能有效化解负面情绪。

德国马克斯普朗克学会(MPG)的克里梅尼奇(Krimalnieki)博士等人研究发现,通过具有针对性的脑部锻炼(强化同感能力及利他之心),能够提升个体抵御和化解负面情绪的能力。

大脑一旦同步,便会萌生连带感

克里梅尼奇博士的研究团队召集了25名实验对象,让他们接受强化同感能力及利他之心的脑部训练,并监测他们的大脑活性。不仅如此,为了起到参考对照的效果,研究团队还调查了实验对象在训练前后的同感能力(即体恤和理解他人情绪的能力)、正面情绪倾向及负面情绪倾向。

结果发现,在接受强化同感能力的脑部训练后,实验对象与他人大脑之间的同步状态(参照第2章第6节"同步大脑,提升团队能力")有所提升——交流对象的情绪发生变化时,实验对象自身的感情也随之跌宕起伏,时而积极,时而消极。

这种大脑的同步现象,其实也是促使伙伴意识萌芽的催化剂。

在大型体育赛事中(例如奥运会和世界杯),体育场的观众便会进入大脑同步、感情一致的状态。此时,观众和运动员之间萌生了一种连带感——当自己支持的队伍发动攻势时,观众席也会一片沸腾;当自己支持的队伍丢分失利时,观众席也会气氛凝重。换言之,在此刻的体育场里,凡是属于或支持同一队伍的人,他们的大脑就会相互同步,犹如一个整体。

通过脑部训练强化同感能力后,个体与他人之间的"情绪同步率"会有所上升,这能够萌生连带感,从而易于发挥集体智慧。但要注意,在这种情况下,面对他人的负面情绪,个体也会变得较易感同身受。

如何不被他人的负面情绪左右

接下来,研究团队让实验对象接受强化利他之心的脑部训练。结果发现,他们在维持较高同感能力的基础上,其正面情绪的倾向进一步加强,而负面情绪的倾向则有所减弱。换言之,在这种情况下,即便与他人的负面情绪产生同步,个体也不会心生郁结,反而会鼓励对方走出阴霾。此外,研究团队还发现,处于该精神境界下的实验对象,其大脑中调节思考与行动的神经回路(前额眼窝皮质、纹状体)以及控制感受的神经回路(前扣带回)

等部位呈现出较高的活性。

由此可见，要想保持积极向上的精神状态，上述脑部训练是行之有效的手段。通过锻炼同感能力，能够培养一颗与他人同喜同悲的体恤之心。

但仅仅如此是不够的，为了不被他人的负面情绪所同化，在锻炼同感能力时，还必须强化利他之心。

通过进行强化利他之心的脑部训练，人能够萌生"为世人、为社会尽力"的善念，并不再执着于自身利益，而是把实现周围人的共同幸福作为追求。换言之，锻炼同感能力，能够提升自己与他人大脑之间的同步率；强化利他之心，能够强化对负面情绪的"免疫力"。要想成为一名充满正能量的领导，就应该进行上述两种脑部训练。

在《京瓷哲学》一书中，稻盛先生有如下记述：

"引导人走向成功的，是一颗美好的心灵。它可以用爱、真诚及和谐这些词汇来表达。我们人类在灵魂深处本来就拥有这样的品质。所谓'爱'，即把别人的欢乐视为自己的欢乐；所谓'真诚'，即为世人、为社会尽力的奉献精神；所谓'和谐'，即不执着于私欲，而希望周围的人都能获得幸福。

"由爱、真诚及和谐之心中所产生的思想，便是引导人们走向成功的基础。"

从脑科学的角度来看，稻盛先生所说的"爱"便是同感能力；而"真诚"及"和谐"便是利他之心。可见，只要通过脑部训练，不断强化同感能力及利他之心，人人都能获得具有极强幸福感的大脑（参照第6章第11节"极致的'利他之心'能够提升大脑的层次"）。

可见，脑科学领域的相关研究已然证明，稻盛先生的理念拥有客观依据。

积极面对苦难，危机变为机遇

松下的采购部门每年都会对供应商大幅压价。虽然获得订单值得庆幸，但要满足对方的降价要求，可绝非易事。

……

对此，我当时心想，倘若无法满足松下的降价要求，那么京瓷也就只能止步于二三流企业的水平，因此我毫不气馁，决定勇敢面对这上天赐予的考验。于是乎，对于松下决定的进价，我全盘接受，然后拼命思考如何在该价格上赚取合理的利润，进而在公司内彻底开展削减成本的活动。

在创建京瓷的数年后，美国西海岸的半导体产业日益兴旺。当京瓷获得当地公司的订单，并成功将产品出口海外时，我打心里感谢松下公司。与美国本土的同类企业相比，我们京瓷的产品不但在品质上具有绝对优势，而且在价格方面也极具竞争力。

当我悟到这一切时，顿觉醍醐灌顶，于是在心中双手合十地默念道："谢谢松下公司，把京瓷磨炼成如此优秀的企业。"

……

反观那些对松下的压价行为愤愤不平，甚至表示怨恨的零部件供应商，其中不少都已倒闭，完全从该行业中消失了。

在身处逆境时，是态度消极地低声下气、满腹怨念；还是态度积极地视困难为机遇、视课题为考验；选择不同的处事方式，将会获得截然不同的结果。

内部刊物《*盛和塾*》*125* 号

塾长讲话 第 *121* 回"我的幸福论"

美国俄亥俄州肯特州立大学（Kent State University）的厄普德格拉夫（Updegraff）博士等人历时 2 年，对遭遇 2001 年恐怖袭击事件㊀的 931 名受害者进行了追踪调查。该研究旨在"从苦难中学到东西"。

积极面对苦难，大脑活性会增强

在"9·11"恐怖袭击过去 2 个月后，研究团队对上述受害者进行了问卷调查。结果发现，60% 的人认为"凭什么自己这么倒霉"（即没有从苦难中发现意义），而 29% 的人认为"虽然很倒霉，但自己也从中学到了一些东西"。

此外，还有 11% 的人认为"正因为有如此恐怖的经历，自己才懂得珍惜今后的人生"（即为苦难赋予了积极意义）。

就像笔者在本章第 2 节"获得永不服输的力量，战胜一切困

㊀ 即"9·11 事件"。——译者注

难"中所阐述的那样，一旦明确了人生的意义和目标，个体便能从消极情绪中迅速恢复常态。而假如能从"消极体验"中获得"积极意义"，也能取得同样的效果。

比如，对一位母亲而言，倘若自己的孩子幼年夭折，那其受到的打击简直可以用痛不欲生来形容，但如果这位母亲能从痛失骨肉的不幸中发现积极意义，认为"自己的孩子生前与病魔勇敢斗争，每天都活得那么努力。孩子的活法，也给了自己莫大的勇气"，今后就能活得非常坚强。

前面说到，厄普德格拉夫博士的研究团队历时2年，对遭遇"9·11恐怖袭击"的931名受害者进行了追踪调查。随着时间的推移，研究团队发现，那些没有从苦难中发现意义的受害者较易被精神创伤所折磨，并伴有抑郁倾向；而那些为苦难赋予了积极意义的人则截然不同——他们积极看待事物，希望用自己的痛苦经验来帮助别人。不仅如此，后者即便出现抑郁症状，也能迅速恢复常态。

从该研究可知，人在受苦受难的情况下，如果能把这些负面因素视为人生的动力，从而发现人生的意义，进而萌生为他人奉献的善念，大脑的活性便会增强，最终将获得突破困境的能力。

不被"三毒"所侵的活法

在题为《我的幸福论——幸福由心而生》（内部刊物《盛和塾》125号）的讲话中，稻盛先生做了如下阐述：

"据说人有108种烦恼，而据释迦牟尼佛祖开示，这些烦恼便是折磨人的元凶。而其中最可怖的三大烦恼当属'贪''嗔''痴'，因此它们也被称为'三毒'。

"我们这些凡人每天都被'三毒'所侵。想比别人过得好，想轻松赚大钱，想早日出人头地……这些追求名利的欲望潜藏在我们每个人的心中，一旦事与愿违，便心生怨念，并开始嫉妒得到这一切的他人。绝大部分人一年到头、从早到晚、无时无刻不在被这'三毒之火'所灼烧和摆布，可谓痛苦不堪。

"只要成了三毒的俘虏，便无法到达幸福的彼岸。因此必须摆脱烦恼，但这谈何容易。三毒犹如巨蟒，缠身不离，难以挣脱……

"拼命努力，认真工作，不抱怨，不牢骚，常怀感谢之心，谦虚不骄，勤于反省，如果拥有如此美丽的心灵，其人生必将幸福；反之，妄图不劳而获，满嘴抱怨和牢骚，稍有成绩便骄傲自满、不可一世，如果拥有如此愚痴的无明之心，其人生必将不幸。所谓'万事万物皆由心生'，周围的一切现象，其实都是自身心境的反映而已。"

引用了这么多与佛学有关的理念，可能不少读者觉得有点摸不着头脑，其实只要记住稻盛先生在上述讲话中的主旨便可——"想比别人过得好，想轻松赚大钱，想早日出人头地……这些追求名利的欲望便是'三毒'"。

人一旦被这些欲望所左右，当遭遇挫折困难或事与愿违时，便会心想"为什么就我这么倒霉",从而永远无法调整心态,总是倾向于用负面思想来解读负面现象。

笔者在本节中所介绍的研究活动也已证明,人在面对消极体验时,如果能够从中发现积极意义,便能迅速走出负面情绪,并获得开创新未来的力量。

总之,在遭受苦难的情况下,如果能够乐观面对、积极克服,大脑的各项机能便不会受到低落情绪的影响。而一旦大脑机能保持良好的状态,便较易催生新的解决对策。这是笔者在本节最后想强调的内容。

依靠金钱奖励,无法维持下属的积极性

"阿米巴经营"最让人感到不可思议的一点就是其独特的成果分配方式。业绩优秀的"阿米巴"团队并不会得到涨工资或多发奖金的待遇。这也是旁人最无法理解的地方。在京瓷公司,哪怕某个出色的阿米巴团队提升了公司的整体业绩,成为公司的表率和标兵,并为其他伙伴尽了力,其成员也不会得到诸如加薪或奖金之类的金钱回报。他们得到的,只有赞赏和表扬。

旁人往往对此感到不可思议——"你们(京瓷)的员工居然能接受这种制度"。其实从创业之初起,我就一直向员工强调"'为伙伴尽力,并不求回报'是最可贵的美德"。因此在京瓷,即便一个事业部为企业创造了利润,其员工也不会提出诸如"给我们加奖金,给我们加工资"之

类的要求。

为什么我不用金钱和物质来奖励做出贡献的员工呢？这是基于对人性的考量。假设我们也采取这种所谓"最常用"的方式——如果业绩提升，就发奖金、加工资，那么获得奖励的员工势必会士气高涨，并以得到更高的奖金和工资为目标。

但另一方面，没有提升业绩的事业部又会做何感想呢？他们看到这一幕后，就会意志消沉。这样一来，业绩好的事业部就会越来越有活力，而业绩较差的事业部则会越来越死气沉沉，在这样的两极分化下，公司的整体运营势必不会顺利。

不仅如此，就算领导鼓励那些业绩不佳的部门员工，对他们说："你们也要加油。只要提升了业绩，我就一定也给你们发奖金、加工资。"但现实是残酷的，有时业绩往往难以尽如人意。如果努力奋斗了一两年却依然碰壁，一般人就会变得性格乖僻、自暴自弃，这是人性的弱点所在。

《京瓷哲学》（为伙伴尽力）

那么问题来了，金钱奖励会对人的大脑造成何种影响呢？

当人由于取得成绩而获得金钱奖励时，其大脑中发生了何种变化呢？德国慕尼黑大学（Universität München）的村山博士等人便开展了一项相关研究。

金钱奖励对人脑造成的影响

村山博士的研究团队召集了28名学生作为实验对象，并把他们分为两组（A组和B组）。让他们玩一种名为"秒表计时"的游戏。游戏规则很简单，让实验对象注视电脑上的时钟，并每隔5秒按一下暂停钮。研究团队则监测实验对象在整个游戏过程中的脑部活性。此外，当实验对象按下暂停钮的时机精确在0.05秒以内时，就会计1分。

研究团队让A、B两组各玩2个回合。在游戏开始前，研究团队告诉A组："只在第1回合中，每得1分，便能获得200日元的报酬。"而B组则只会加分，并无金钱奖励。

在游戏的第1回合中，通过监测可能获得金钱奖励的A组实验对象，研究团队发现，他们大脑中与积极性相关的神经回路（脑内犒赏系统）的活性平均要比B组实验对象的高出2倍。

可到了第2回合（此时A组不再可能获得金钱奖励），研究团队发现，B组实验对象脑内犒赏系统的活性增强；与之相对，A组实验对象的却跌至第1回合的1/40，几乎趋于零。

不仅如此，B组实验对象即便失误（按键时机的延迟时间超过0.05秒），其脑内犒赏系统的活性也不会降低；而A组实验对象则不同，一旦失败，其脑内犒赏系统的活性便会大幅降低。

从该研究可知，即便从脑科学的角度看，金钱奖励的效果也是暂时性的，而且其反作用力十分巨大——假如遭遇失败，将会严重挫伤个体的积极性。由此可见，企业领导要想让员工长期保持热情和干劲，就必须让员工做到"自动自觉"，这点非常关键。

自动自觉的根源是人心。换言之，真正能够长期打动人的，不是金钱等物质诱惑，而是人心。对此，Aska Corporation（阿斯卡公司）阪和彦社长的一段经历值得参考。

为了激励员工，阪社长也曾执着于物质奖励，在公司成立纪念日，他会向杰出员工颁发"社长奖"和"努力奖"，奖金丰厚。

当时，京瓷是 Aska Corporation 的客户，因此阪社长有机会与京瓷公司的员工接触。他从京瓷员工的口中得知，稻盛名誉会长深受大家的敬佩和爱戴，不管有无物质奖励，京瓷员工全都士气高涨、干劲十足。这完全颠覆了他先前的认知，令他颇为震惊。

正如笔者在第3章第5节"成为下属愿意追随的领导"中所述，企业家或管理者的人格、思维方式，以及是否采取伙伴般的行动，都是大幅左右员工热情和干劲的要素。而阪社长从京瓷员工口中得知的惊人事实，便是对该论点的有力证明。他后来以稻盛先生为榜样，成为一名深受员工爱戴的社长，公司的事业也取得了长足发展。

笔者在本节开头提到，稻盛先生在《京瓷哲学》一书中强调"（员工）他们得到的，只有赞赏和表扬"。而美国罗切斯特大学（University of Rochester）的德赛（Desai）博士等人也研究发现，人在受到言语的感谢和慰问后，其主观能动性会有所提升。

此外，德赛博士的研究团队还发现，在维持主观能动性方面，与金钱等物质奖励相比，诸如慰问、感谢、赞赏和表扬之类的精神奖励要有效得多。

但要注意的是，倘若领导没有通过伙伴般的行动构筑信赖关系，那么赞赏和表扬是无法取得效果的。

换言之，信赖关系是这一切的基础。倘若缺乏信赖关系，那么即便领导对下属满口称赞，在下属看来，也只是"忽悠"自己多干活的花言巧语而已。所以说，领导首先必须通过伙伴般的行动，与下属之间构筑稳固的信赖关系，此乃重中之重。

"庸才"团队能够完胜天才团队！？

在京瓷公司，我们把阿米巴组织作为经营单位。每个阿米巴都独立自主地开展经营。与此同时，每个人都可以发表自己的意见，为经营出谋献策，并参与制订经营计划。这种体制的精髓在于，负责经营的不再是少数人，而是全体员工。当每个人通过参与经营而得以实现自我时，全体员工就会朝着同一个方向迈进，从而实现团队的目标。

"全员参与"的精神也适用于公司活动和聚会。为了培养透明开放的人际关系、伙伴意识和家族意识，我们经常举办各种活动，并同工作一样，要求全员参与。

《京瓷哲学》（全员参与经营）

稻盛先生强调，企业经营不能只由一小部分人负责，应该让全体员工共同参与，创造全员畅所欲言、积极思考的良好氛围。换言之，"全员参与"是"稻盛经营理念"的精髓所在。

那么问题来了，全员参与经营的优势在哪里呢？

最近,一系列研究证明,上述理念是有其科学依据的。之前人们普遍认为,一个团队的整体表现主要取决于团队成员的个人能力。换言之,要想让团队变强,就要尽量招揽能力较强的成员。

然而,最新的学术研究发现,有时情况并非如此。以体育竞技中的团体项目为例,一支队伍在全员同心协力的情况下,有时能够发挥出惊人的超强潜力。而在脑力劳动领域,类似的现象同样存在。人们称其为"集体智慧"(简称"集智")。

一旦集体智慧得以发挥,个体的力量就能汇聚成一股巨大的合力,其加成效果并非简单的"1+1=2",而是"1+1=10",甚至"1+1=100"。不仅如此,更为奇妙的是,集体智慧似乎与个体智慧并无多大关系。

美国卡内基梅隆大学(Carnegie Mellon University)的伍利(Woolley)博士等人长期致力于对集体智慧的研究,下面介绍他所开展的一项相关实验。

惊人的集体合力打败天才团队

伍利博士的研究团队召集了一批实验对象,首先对他们的大脑机能进行相关测试,测试项目包括IQ(智商)等,然后把他们分为40组,每组3人。接着让每组成员共同合作,合作内容包括集体活动和集体比赛,并对每组的具体表现进行评价。

其中,对于集体活动的评价项目包括"完成计划的能力""化解矛盾的能力""决策帷幄的能力"等；至于集体比赛，研究团队也设定了若干项目——从考验团队效率的"事务性作业"，到考验团队才能和品位的"建筑艺术设计"，再到考验团队时间概念和计算能力的"购物任务大比拼"等，通过多种多样的比赛项目，让各组相互竞争。

按照预测，胜算较大的应该是成员智商普遍较高的小组（姑且称其为"才子组"）或者拥有个别天才成员的小组（姑且称其为"天才组"）。

可结果却出人意料，比起"才子组"和"天才组"，另外一类小组的表现遥遥领先。按照"常理"推断，这类小组的成员势必个个都是天才，可事实恰恰相反——其成员都属于"才智平平"之人（见图5-1）。

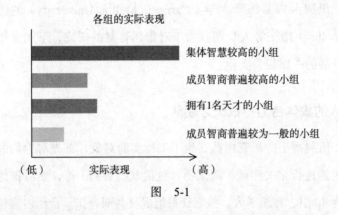

图 5-1

这些先进小组还拥有一个共通点——"集体智慧"。

"成员相互理解"是集体智慧的一大特征。研究团队发现，与全员皆为男性的小组相比，拥有女性成员的小组更容易产生集体智慧。究其原因，是由于男性在对话交流时主要使用左脑，而女性却倾向于左右脑并用。

我们知道，左脑负责逻辑理解，右脑倾向于情感直觉，因此相较于男性，女性在察言观色和情感沟通等方面的能力要高出不少。

此外，研究团队还发现，如果小组中有一名成员过于表现自我（如发号施令、高谈阔论等），该组的集体智慧就会跌入谷底。只有全体成员群策群力，才能激发新点子、找到新方向。反之，如果有人在小组中搞起"一言堂"，集体智慧便难以产生。

不仅如此，更有意思的是，小组一旦发挥出集体智慧，其全体成员的大脑机能都会有所提升。

由此可见，要想让一个团队有效发挥集体智慧，其成员之间必须相互理解、相互尊重，大家都具备"我为人人"的连带感，这点至关重要。

反之，团队是否拥有智慧超群之人，团队成员的智商是否普遍较高，这些因素与是否能够有效发挥集体智慧并无多大关系。

顺便提一下，纵观自然界，集体智慧的实例早就广为人知。比如蜜蜂在寻觅新的筑巢地点时，就会动用集体智慧，在充分听取诸多个体的意见后，共同决定新巢的选址。

显然，每只蜜蜂的智慧极为有限，但通过灵活运用集体智慧，蜂群团结协作、互为一体，宛如一个拥有高智商的生物。

"软弱"的领导,成就了发挥集体智慧的环境

稻盛先生曾说,京瓷刚创立时,由于自己没有信心指导和率领全体员工,因此提出了"大家一起经营""大家一起思考"的口号。按照他的说法,这是"领导软弱的表现"。但正所谓"塞翁失马,焉知非福",这种全员参与的经营方式恰恰是领导与员工之间建立伙伴关系的基石。

这种组织内的横向联系是以"润物细无声"的方式逐渐培养的——领导时常与员工们一同用餐、一起喝酒,并在其过程中彼此聆听、互诉烦恼、交换意见……而通过这种方式构筑的信赖关系,正是一个组织得以发挥集体智慧的必要条件。

何种经营方式,才能最大限度地激发员工的潜力

在无人才、无设备、无资金的"三无"状态之下,起初一共只有28名员工的京都陶瓷(如今的京瓷公司)之所以能够急速发展壮大,可以归功于稻盛先生最大限度地激发了整个团队的集体智慧。

在《京瓷哲学》一书中,有个条目叫"以心为本的经营"。其中说到,稳固而美好的人心纽带,正是京瓷得以发展至今的核心要素。对此,书中有如下阐述:

"在创业初期,真可谓无依无靠。……在资金缺乏、技术尚不成熟的情况下,'以心为本'便成了我唯一的'救命稻草'。……

"要想让公司发展壮大,只有让员工上下一心、相互信赖,从而形成一个具有凝聚力的强大集体。这样的集体一旦形成,不管遇到怎样的艰难困苦,都势必能够做到毫无畏惧、披荆斩棘。

"基于这样的想法,我决心让员工们能够像父母和子女、兄弟和姐妹那样相互信任、直言相谏、心灵相通。于是乎,我开始在员工教育方面倾注心血。"

以上便是"以心为本的经营"这一条目的内涵,而它正是发挥集体智慧的必要基础。

以前,人们认为体育竞技中的团体项目需要这种团结精神。一旦队员齐心协力,整个队伍便能发挥出较高的水平;近年来,相关领域的科学研究发现,脑力劳动领域也存在类似现象(即集体智慧)。

而早在50多年前,稻盛先生便靠直觉推导出了类似的结论——"通过以心为本的经营方式,让员工团结一致,从而激发他们的集体智慧",不得不让人感叹他那天才般的洞察力和经营能力。

第 6 章
与员工共享哲学思想

在前面的章节中，笔者按顺序阐述了领导应做的工作——确立符合"大义名分"的目标；通过团结员工来发挥强大的集体智慧；使全体员工朝着远大目标迈进。

但另一方面，由于每个人的用脑方式不同，因此即便面对同样的所见所闻，也会萌生不同的观点和想法。这无关好坏，只是人脑运作机制的特性而已。

类似企业这样的组织，正是个体的集合体，而每个个体的用脑方式各不相同。那么问题来了，应该怎样做，才能让组织内的所有成员做到"目标相同""矢量一致"呢？

解决这个问题的灵药便是"京瓷哲学"。对于《京瓷哲学》，稻盛先生有如下阐释：

"当时对于企业经营，我（稻盛先生）既无经验，又无知识，于是开始绞尽脑汁地思索'怎样才能做出正确判断？怎样才能让公司持续发展？'

"经过苦苦思索，我得出了一个结论——首先要问自己'作为人，何谓正确'，一旦认定是正确的，就毫不动摇地贯彻到底……

"其不仅适用于日常的工作及经营活动，而且适用于人生中的万事万物，可谓'放之四海而皆准'的原理原则。

"在贯彻这种人生态度的过程中，我领悟到了一套体系化的思维方式……即'京瓷哲学'。

"正因为有了如此明快的判断基准，在过去的半个世纪里，我才能在经营京瓷、KDDI以及日本航空的过程中做到判断正确，从而使各家公司成长发展。"

稻盛先生曾说，"作为人，何谓正确"的思想是跨越文化和宗教的原理原则，能让全世界人民认同和共鸣。而脑科学领域的最新研究已然证明，人一旦接受并实践该思想，其大脑就能得到有益的锻炼。

要想把自己的大脑"优化"成能够带来幸福的大脑，不仅要理解稻盛先生的哲学，关键还必须在日常生活中坚持履行、努力实践。

换言之，养成良好的习惯至关重要。通过反复学习、不断实践，大脑相应的神经回路便能得到开发。

在本章，笔者将从脑科学的角度出发，阐述潜意识及习惯的重要性，并针对京瓷哲学所提倡的一些品质（如引导人生走向成功的"坚强意志""燃烧的斗魂"以及最大限度激发大脑潜能的

"利他之心"等),介绍一些相关的研究实例,从而证明领导与全体员工共享哲学思想的重要性。

巧用潜意识之力,便能心想事成

如果让世界上的成功者现身说法,其大部分人的话都可以简单归纳为四个字:心想事成。所有的成功故事几乎都可以如此总结归纳。

而在宗教中,亦能找到与之殊途同归的道理。比如佛教教义中有"万物由心生,万法由心造"之说。该道理告诫我们:"自己陷入不幸也好,公司经营不顺也好,这一切其实都是自己的念想和思维所致。"

换言之,"强烈而持久的愿望必将实现"是一个普遍真理。而"是否使用潜意识"只是其过程中的一个环节,只要一心念想"无论如何都要实现",就一定能心想事成……

有的人之所以无法成功,正是因为不相信自己能成功。由于不相信自己,自然不可能怀有强烈的愿望,于是就无法实现目标。

《京瓷哲学》(怀有渗透到潜意识的、强烈而持久的愿望)

提到潜意识,或许不少人觉得莫名其妙,但脑科学领域的相关研究已经证明,潜意识的确存在。不仅如此,它还是个难对付的"角色"——它在发挥作用时,人自身往往无法察觉。

德国马克斯普朗克学会(MPG)的索恩(Thorne)博士等人开展了一项研究,旨在弄清一个问题——人在做出实际行动之前,其大脑经历了怎样的活动过程?

为此,索恩博士的研究团队进行了一项十分简单的实验。他们让实验对象运动自己的食指,至于是动左手食指还是右手手指,何时动,怎样动,则完全由实验对象自己决定。与此同时,研究团队则监测实验对象在该过程中的脑部活动。按照推测,实验对象"动食指"的过程应该是这样的。

潜意识决定行动

【推测】发出指令→大脑活动→手指执行

可实验结果却是这样的。

【结果】大脑活动→发出指令→手指执行

研究团队还发现,在实验对象本人决定"动手指"的7~8秒前,其大脑中负责思考未来的神经回路(额极)活性增强。在实验对象真正动起手指的10秒前,通过监测其大脑神经回路的活性,研究团队便能预知实验对象要动哪一根食指。要知道,此时连实验对象本人都还不知道自己要动哪一根食指。

换言之,实验对象本人在发出"动食指"的指令之前,其潜意识早已决定了要动哪一根食指。

此外,法国里昂大学(Université de Lyon)的迪斯·马热(Diz Mauger)博士等人研究发现,人的意志与行动都源于大脑的活动。为了弄清本质,迪斯马热的研究团队请来了一些颅内肿瘤患者。这些患者急需接受脑外科手术,并且同意在手术过程中配合实验。实验内容很简单,即在手术过程中,用电流刺激大脑的相关部位,从而调查人的意识、行动与相关神经回路的关系。

研究团队发现,一旦刺激实验对象的运动前区,其身体特定部位便会动起来,但本人意识却认为自己没动。

反之,一旦刺激实验对象的顶叶,其希望身体特定部位动起来的意识(或者说欲求)便会产生;如果进一步刺激顶叶,本人意识会认为自己的身体动了,但其实并没动。

再举个具体的例子,假设在上述实验中,研究团队刺激实验对象的顶叶,使其产生"想让右手动弹"或"想说话"的欲望;然后进一步增强对相应部位的刺激,结果会怎样呢?实验对象会觉得自己"已经举过了右手""已经说过了什么,只是记不起来",但实际上并没有。

掌管"意识"与"行动"的神经回路并不相连

通过上述研究,可以得出这样的结论——掌控"本人意识"与"实际行动"的神经回路有所不同,换言之,掌管二者的神经回路并不直接相连。

人们之前一直以为"意识先决定大脑活动,大脑活动再指挥身体付诸行动",可其实是大脑活动决定了意识和行动,且意识与行动几乎是同时独立运作的。

至此,我们获得了一个颇具颠覆性的结论——人类行动的基础并非"意识",而是"大脑的活动";"意识"与"肌肉运动"

一样，都是大脑活动的产物。

而这里讲的"大脑活动"，可以理解为人的潜意识。按照稻盛先生的理论，个体若想改变自己的行为或人生模式，仅凭习得新思维、新知识或新技术是不够的，只有怀有渗透到潜意识的、强烈而持久的愿望，才能在不知不觉中完成蜕变。

换言之，在强烈意愿驱使下改变自身习惯的做法，其实是一种重新"设计"自身大脑神经回路的方式。

潜在意识的变化，个体自身无法察觉！？

为了便于各位读者理解，笔者想以自己的经历为例，进行说明。

笔者原本是个沉默寡言、不善交际之人。比如在酒席上，笔者就属于那种自斟自饮，然后自己酩酊大醉的人。

后来，为了改变自己，笔者便效仿稻盛先生，进行坐禅修炼。笔者请了一名老师，一边接受指导，一边亲身实践。

一开始完全感觉不到效果，但笔者依然坚持，一坚持便是3年。有一次，笔者和内人一同参加宴会，内人见我一边在席间走动，一边给周围的人斟酒，于是赞扬道："你（笔者）变得会关照别人了呢！进步很大嘛！"

笔者听闻后，着实吃了一惊，因为自己先前几乎没有意识到这点。可见稻盛先生的说法真实不虚——即便渗透到潜意识的愿望改变了个体的思维方式或行动模式，当事人自己也很难察觉。

反之，假如个体刻意而为之，觉得自己"已经非常关照别人了"，但由于是基于显意识的判断，因此效果有限。人们经常说，"我觉得自己已经很努力了，可在旁人眼中却变化甚微"，便是这个道理。

人脑的一大特征是"自私"，不管是看待事物，还是做出判断，其往往倾向于以自我为中心。因此当潜意识层面发生变化时，人自身往往较难察觉。

于是乎，当这种变化发生时，头一个察觉的反而是旁人，他们会说："（你）与以前不同了""（你）的'气场'变了"……而本人在听到这些评价后，往往也只会懵懂地认为"自己的运气变了""周围人的眼光变了"……

笔者拿自己的经历为例，略显粗鄙浅薄，但倘若各位读者能从中理解"渗透到潜意识的愿望"，则是笔者之荣幸。

模仿同伴的行为是人下意识的本能

说到"付出不亚于任何人的努力"，应该由谁最先做出表率呢？我（稻盛先生）认为是领导。换言之，领导必须在工作中付出不亚于任何人的努力，且必须努力地感染下属，让下属自动自觉地效仿。总之，领导真挚的态度至关重要，必须付出不亚于任何人的努力。

内部刊物《盛和塾》49号

塾长讲话 [2] "领导应发挥的作用"

美国纽约大学（New York University）的莎特朗（Chartrand）博士等人研究发现，人会下意识地模仿周围人。

潜移默化中受到他人的影响

莎特朗博士的研究团队招募了35名实验对象，开展了4个环节的实验。

在第1环节中，研究团队请来一位负责与上述实验对象交谈的人（姑且称其为"讲话者"），交谈时间为10分钟，并要求该讲话者在交谈时面带笑容；而在第2环节，研究团队则请来另一位讲话者，并要求该讲话者在交谈时不要面带笑容。

结果发现，面对第一位讲话者，在3分钟的时间段内，实验对象平均笑了3次；而在面对第二位讲话者时，同样在3分钟的时间段内，实验对象平均只笑了1次。

不仅如此，对于讲话者在交谈过程中的一些小动作（譬如摸脸、抖腿等），实验对象都在下意识地模仿。但研究团队在事后询问时，实验对象都表示自己没有察觉这些模仿行为。

研究还发现，不仅仅是表情和动作，包括周围人的言行举止、思维方式等，都会潜移默化地对个体的大脑产生影响。

同理，假如一个部门中存在缺乏干劲的员工，就会降低周围人的工作热情度；假如存在易怒的员工，就会拉低周围人的情绪控制力。一旦明白了这个道理，让人不禁感到害怕。

刻意模仿并不能拉近距离

回到上述实验,在第3和第4环节中,研究团队旨在弄清"模仿"与"亲密度"之间的关系。

在第3环节中,研究团队让讲话者刻意模仿实验对象的举止;而在第4环节,则让另一位讲话者故意不模仿实验对象的任何举止。在结束10分钟的交谈后,研究团队询问实验对象对两位讲话者的好感度。结果发现,实验对象对二者的亲密度和好感度并无区别。

由此可见,如果只是刻意地、表面化地模仿对方的言行举止,并不能博得对方的好感。

所以说,领导应该率先垂范,以持之以恒、春风化雨的方式感染下属。浮于表面的刻意模仿并无效果,必须以"润物细无声"的方式,逐渐影响下属的大脑。

换言之,只要领导坚持以身作则,付出不亚于任何人的努力,实践利他行为及稻盛先生的哲学思想,下属就会逐渐被感化,从而诚心追随领导。这个过程需要耐心和时间,一开始可能只有一名下属被感化,但正所谓"星星之火,可以燎原",只要有了第一个,接下来就会越来越多,直至全员。

反之,假如领导刻意而为,强迫下属做一些不愿做的事,那么领导的"功利之心"便会被下属看破。如此一来,即便领导再怎么率先垂范,下属也不会跟随和效仿。那么问题来了,领导应该怎样对待下属呢？笔者将在本章第 5 节"如何对待下属才能激发其工作热情"讲到这点。

领导所言对下属造成的影响

倘若总是心怀不满、满嘴牢骚，必然会使人生陷入黑暗与不幸；而心怀不满的对立面则是心怀感谢，所以感谢之心能使人生变得美好。从本质上说，这是因为感谢之情能够美化心灵，从而使命运本身变得光明。换言之，感谢之心能带来好运。

《京瓷哲学》（怀有感谢之心）

在日常生活中，人会下意识地被所见所闻的字句影响。从电车和巴士拉手吊环上的广告语、与家庭成员的对话，到公司内部的交流等，都会发挥潜移默化的作用。美国纽约大学（New York University）的巴（Ba）博士等人便开展了一项相关研究。

下意识的言语会对他人造成何种影响

巴博士的研究团队进行了一项实验，他们把招募来的实验对象分为两组，向第 1 组实验对象展示与"合作"相关的词汇；向第 2 组实验对象展示描述客观物体的中性词汇，如"色拉""山峦"等。

接着，研究团队让两组实验对象玩钓鱼游戏，并观察实验对象在游戏中是倾向于竞争，还是倾向于合作，从而弄清字句对人类行为的潜在影响。

结果发现，与只看过中性词汇的第2组相比，第1组实验对象在游戏过程中更加乐于合作，其合作行为的数量要比前者多出25%。由此可知，即便只是通过视觉获得的字句，也照样能在下意识中影响个体。对此，领导应该尤为注意——无论书面还是口头，无论文件还是对话，都会对员工的思维方式和行为模式施加潜移默化的影响。

此外，"一致性"是有效施加影响的前提之一。打个比方，即便一家公司把"为世人、为社会尽力"标榜为企业理念，可如果员工们在工作中的言行举止与之不符，那么这种理念就毫无意义。

由此可见，领导必须重视自己平日的一言一行。纵观本章的主旨"与员工共享哲学思想"，其实也包含这样的理念——让全体员工每天不断接受"美好言语"及"美好思想"的熏陶。

京瓷哲学包括了许多正能量词汇，譬如向上、建设性、合作、协调、开朗、肯定、善意、体恤、关怀、仔细、正直、谦虚、努力、知足、感谢、利他等。通过与员工共享这些哲学思想，领导便能有效地施加影响，从而使员工的大脑更加灵活、心态更加健康（参照第1章第1节"领导无意识的言语会对下属脑部造成何种影响"及第9节"应该如何做，才能与下属建立伙伴关系"）。

不仅如此，一旦做到这点，还能激发集体智慧，从而提升整个组织的实力表现。

信赖与否，取决于日常言行

怎样才能与他人构筑信赖关系呢？起先，我（稻盛先生）试图拥有值得信赖的伙伴，即"向外求"信赖关系。

可事实证明我错了。只有先让自己成为值得信赖之人，才能与他人构筑真正意义上的信赖关系。不仅如此，倘若没有一颗值得被人信赖的赤诚之心，就连身边的伙伴都不会全心全意跟随你。换言之，信赖关系是自身心境的反映。

我也被人骗过几次，但我依然认为，在与人相处时，应该百分之百地相信别人。此外，我还会时常扪心自问"自己是否值得被人信赖"，如果有做得不到位的地方，就下决心改正。

即便自己吃亏，也要坚持相信他人，因为这是构筑信赖关系的唯一手段。

总之，要想收获信赖，不可"向外求"，而应"向内求"。

《追求成功的热情》（信赖源自内心）

脑科学领域的研究表明，对于他人的一些品质（比如"体谅""诚实""可信"等），人们往往是在下意识中感受到的。名古屋工业大学的小田博士等人便进行了相关实验。

利他者受人信赖

小田博士的研究团队首先找来了69名实验对象，对他们进行有关利他行为的问卷调查，问卷的部分内容如下。

（1）身为组织中的一员，我不但完成自己分内的工作，还会帮忙扔垃圾和打扫卫生。

（2）当同事无法顺利完成工作时，我会给予帮助。

（3）碰到路人跌倒或踉跄，我会前去搀扶。

调查结束后，研究团队选出得分最高（即最具利他精神）的6人和得分最低的4人，让他们参与录影。录影的内容很简单——他们只要对着摄像机，以自然的对话形式讲述自己喜欢什么、不喜欢什么即可。

接着，研究团队再找来另外40名实验对象，让他们观看上述录影内容，然后测试他们对上述10人的信赖程度。

研究团队使用的测试方法简单明了——每看完一个人的录影内容，研究团队便给40名实验对象各发300日元，钱是用于扶贫捐赠的，但只能委托录影中出现的人（即上述10人）进行捐赠。

假如实验对象觉得对方值得信赖，便悉数交出300日元，委托其捐赠；反之，假如实验对象觉得对方不可信赖，便可自己保留100日元，余下的200日元则交还研究团队。之所以采取这种方式，是为了选出40名实验对象真正信赖的人。毕竟有100日元的"诱惑"在，他们心中的"天平"便能够发挥作用。至于上述10位被评判者，一旦获得1名实验对象的信赖，就得1分。积分越高，就证明其受人信赖的程度越高。

结果发现，与利他意识最低的4人相比，利他意识最高的6人的平均得分明显占优——后者要比前者高出16%。

由此可见，人们在判断他人是否值得信赖时，往往通过观察对方不经意间的言行举止。换言之，在日常小事中就做到利他的人，就容易获得他人的信赖。

平时的习惯、癖好，以及它们给周围人塑造的印象，这些都是判断个体是否具备利他精神的依据。反之，如果仅凭一时的表态或刻意的举动，则并没有多大的效果。这已经被科学所证明。

通过提高心性，使稻盛先生的哲学思想深入骨髓，从而在下意识的言行举止中自然流露。这才是培养利他精神、获得他人信赖的有效捷径。

如何对待下属才能激发其工作热情

一个人单枪匹马无法做好工作，必须与上级、下属以及周围的人相互配合、齐心协力，才能把工作做好。在这种情况下，自己首先要积极主动地寻找并承担工作。如此一来，周围的人自然会提供协助，你就能"在旋涡的中心工作"了。

……

不要通过命令来指挥别人，而应该主动提出问题，使周围的人自然聚集起来，从而形成"旋涡"。任何一家公司，都需要这样的企业文化。

比如，一家公司的目标是"今年实现销售额翻倍"，而一名刚进公司不久的年轻员工对科长说："科长，社长说今年要实现销售额翻倍。咱们大家找个时间聚聚，讨论一下具体如何实现吧。"于是乎，这名新员工实际上成了该项目的领导。不是为了出风头，而是出于主人翁意识。任何一家公司，都少不了这种能够成为"旋涡中心"的人。

所以，我总是对员工频繁强调："要成为能够卷起旋涡的人……"

《京瓷哲学》（成为旋涡的中心）

那么问题来了，究竟该怎么做，才能让员工个个干劲十足、表现优异呢？

比利时鲁汶大学（Catholic University of Louvain）的范·斯汀奇斯塔（Van Steenkista）博士等人研究发现，与其让下属遵从指示或命令，不如先提出问题，然后鼓励下属独立思考和解决。因为后者更能激发下属的工作热情。

领导对待下属的态度，直接影响其工作表现

范·斯汀奇斯塔博士的研究团队招募了 376 名学生充当实验对象，并把他们分为 4 组，调查他们对于学习的积极性。

第 1 组：鼓励其独立思考 / 内因目标

第 2 组：鼓励其独立思考 / 外因目标

第 3 组：遵从指示 / 内因目标

第 4 组：遵从指示 / 外因目标

对第 1 组和第 3 组实验对象，研究团队灌输了内因目标——"（这项学习）对你们的生活和成长有所帮助"；而对第 2 组和第 4 组实验对象，研究团队灌输了外因目标——"（这项学习）对你们将来找到高薪工作有所帮助"。

此外，为了保持他们的积极性，对第 1 组和第 2 组实验对象，研究团队采取了鼓励其独立思考的指导方式——"也许这么做比较好""换作我，可能会那么做"，等等；而对第 3 组和第 4 组实验对象，研究团队采取了命令其遵从指示的指导方式——"应该这么做""必须那么做"，等等。

接着，研究团队让全体实验对象阅读一篇文章，文章题为《缔造绿色环境的再生资源回收事业》。两周后，通过听力与笔试，研究团队会测验他们对该文章的理解程度，并查看实验对象的笔记、批阅他们的考卷、调查他们在两周内的学习进度。

实验结果如表 6-1 所示。

表　6-1

	积极性	理解程度	画线标记数量	测验得分	坚持的毅力
第 1 组	3.30	3.45	0.96	7.38	3.98
第 2 组	2.44	2.65	0.53	5.93	2.57
第 3 组	2.60	2.67	0.48	5.59	1.60
第 4 组	1.86	2.28	0.17	4.82	0.75

由此可见，领导如果想让下属热情不减、充分理解并坚持不懈，就应该像对待第 1 组实验对象那样，鼓励其独立思考，给予

其内因目标。并且要注意的是，该内因目标必须与下属的活法和价值观相切合。

换言之，若想激发下属的热情和干劲，领导就应该把工作目标与下属的活法及价值观结合起来，并且促使下属独立思考"如何朝着该目标迈进"。

前面讲到的"共享哲学思想"也是基于该道理，之所以强调"共享"，便是要培养下属的主观能动性，使其自动自觉地学习，而非被动地对上级言听计从、按部就班，这点至关重要。

正如本节开头引用的《京瓷哲学》选段中所述，"不要通过命令来指挥别人，而应该主动提出问题，使周围的人自然聚集起来，从而形成'旋涡'"。稻盛先生的这番箴言一针见血地指出了"激发下属主观能动性"乃重中之重，并且点明了方式方法——提出问题，促使思考。

哲学思想是一种思维方式，是一种心法之修，假如下属抱着"领导说什么就是什么"的消极态度，是无法产生效果的。唯有自动自觉地由内发愿，心生"想亲身实践这种哲学思想"的意欲，才能真正学到东西。

而要想让下属自动自觉，领导就必须获得下属的信赖和敬慕。曾经有一名盛和塾的塾生，他在自己的公司定期举办京瓷哲学的学习会。一次，他向稻盛先生报告道："我们公司学习会的员工出席率已经高达80%了。"对此，稻盛先生反问道："（你们公司）还没有做到全员参加吗？"

有的人在听到稻盛先生的反问后,可能会想,"不能辜负稻盛先生的期望,哪怕采取强制措施,也要实现全员参加"。很遗憾,从脑科学的角度看,这样的想法谬以千里。

反之,如果明白"自动自觉"的重要性,就能领会稻盛先生的真意——"领导必须不断提高心性,直至全体员工都主动愿意参加"。

战胜诱惑的意志,能够取得成功

假如领导缺乏坚强的意志,则会使整个集团或组织陷入不幸。

商业世界风云变幻,既有经济环境的上下波动,也有出乎意料的事态发生。倘若领导意志薄弱,一旦遇到困难,就会立即撤回或降低原先设定的目标,这样不但导致目标形同虚设,还可能会丧失领导的威信和尊严。对于既定目标,无论如何都要实现。这种坚强的意志,可谓领导必不可缺的品格之一。

内部刊物《盛和塾》49号

塾长讲话 [2] "领导应发挥的作用"

我们每天都要面临各种选择。要想做出更好的选择,意志力必不可少。那么问题来了,时刻基于坚强意志做出判断的人,会对其人生的发展造成何种影响呢?美国斯坦福大学(Stanford University)的米歇尔(Mischel)博士等人开展了一项相关研究。

米歇尔博士的研究团队以 653 名 4~5 岁的幼儿为实验对象，先向孩子们展示一块棉花糖，然后对他们说："小朋友们，你们每个人都可以马上拿到这样的一块棉花糖，拿到后可以马上吃掉。但如果你们能够忍住不吃，15 分钟后，你们就会再得到一块棉花糖。"说罢，研究人员就会走出房间，隔着双面镜，观察幼儿们的举动。

结果发现，6 成孩子无法忍受诱惑，立刻把棉花糖吞下了肚；而剩下的 4 成孩子则为了第二块棉花糖而忍了 15 分钟。该实验是在 1968~1974 年进行的。

实验并未到此结束，到了 1984 年，研究团队对上述实验对象进行回访。结果发现，与当年立刻吃掉棉花糖的孩子们相比，那些忍了 15 分钟的孩子明显成绩更好。后者的 SAT（Scholastic Assessment Test，直译为"学术能力评估测试"，是一种美国大学入学的统一考试）分数平均要比前者高出 210 分。

又过了 40 年，研究团队再次对实验对象中的 60 人进行回访。结果发现，当年忍了 15 分钟的人普遍拥有抵御诱惑的能力；而当年立刻吃掉棉花糖的人则普遍意志薄弱，稍有诱惑，便会把持不住。

通过对大脑活动的监测，研究团队还发现，那些当年没能忍住"棉花糖诱惑"的人，其脑部与依赖和成瘾相关的神经回路（伏隔核）往往容易被刺激和激活，而与自律和目标相关的神经回路（额下回）则反应迟钝。

那么问题来了，如果一个人意志坚强，那么其脑内又是怎样一番景象呢？为了弄清该问题，美国加州理工学院（California Institute of Technology）的哈雷（Halley）博士等人开展了一项研究。

意志坚强与薄弱之人，其大脑的差异何在

哈雷博士的研究团队招募了一批正在减肥的人，并按照他们在减肥时的饮食习惯，将其分为两组。第1组的人虽然在减肥，但照样会吃自己喜欢吃的食物；第2组的人则会注意饮食健康，哪怕不合自己的口味，只要是健康食品，就会坚持吃下去。

研究团队对两组实验对象的大脑进行监测。结果发现，与无法经受住诱惑的人相比，那些意志坚强、不为诱惑所动的人更容易接受"远大目标""大义名分"。换言之，后者大脑中与目标、自律和伦理相关的神经回路更为发达。

由此可知，"意志坚强"并不只是"忍耐力强"，而是一种长期自我规划的品质，即时刻不忘自己的目标，并不断判断自身行动与目标之间的联系，从而促使自己朝着目标迈进。而越是意志坚强的人，其与这些特质相关的神经回路就越发达。

所以说，要想实现人生梦想、取得人生成就，就必须时刻牢记目标，不为日常生活中的各种诱惑所动，并磨砺自己的判断能力，从而锻炼出具备坚强意志的神经回路。

此外，由于人的大脑是不断成长的，因此即便已经成年，这种锻炼也为时不晚。

说来惭愧，但为了让各位读者加深理解，笔者在此姑且介绍

一下自己的失败经历。

我们知道,稻盛先生的《经营十二条》中,有名为"经营取决于坚强的意志"(第7条)和"付出不亚于任何人的努力"(第4条)的条目。

笔者初次拜读上述内容时,误以为稻盛先生的意思是"必须拼命工作,即便累得倒下,也要咬牙坚持;如果做不到,就是意志薄弱的表现"。于是笔者就像着魔了一般,经常熬夜工作。

可结果却陷入了恶性循环——熬夜累垮后卧床休息一周,等恢复后接着熬夜三天,累垮后又卧床休息一周……如此周而复始,使笔者感到灰心丧气,觉得自己既无法"付出不亚于任何人的努力",又不具备"坚强的意志"。

过了很长一段时间。有一天,笔者恍然大悟——稻盛先生强调的"付出不亚于任何人的努力"也好,"坚强的意志"也好,并非"盲目努力"之意。

在《京瓷哲学》一书中,有名为"每天进行核算"的条目,其大致内容如下:

"企业经营必须以'天'为单位,每天脚踏实地地奋斗。但倘若只知埋头努力,核算结果总会有'随波逐流'的倾向。明明在凭着自己的意志努力经营,可核算结果却是'听天由命'的一串数字,并没有体现出企业家的意志。"

同理,笔者之前自认为的"努力",其实只是一种盲目而为、听天由命的努力而已。

在有限的时间内，最大限度地合理利用自己身体的本钱，并在把握目标的前提下，思考如何通过一系列统筹安排来有效发挥实力、迅速达成目标。这其中包含着真正的"坚强意志"，也是对"付出不亚于任何人的努力"的正确解读。换言之，在实践上述两大条目时，切勿拘泥于形式，而应该从心念、意识和觉悟等精神领域入手。

不少人在拜读了稻盛先生的《活法》和《京瓷哲学》等代表作之后，或许会在亲身实践时遭遇困难或瓶颈。一旦碰到这种情况，应该重新审视自己是否理解有误，从而进一步深入学习稻盛先生的哲学思想，这点至关重要。如此一来，便势必能够邂逅新的发现、收获新的心得。

迈向成功的人生之路：何谓"斗魂"

在我（稻盛先生）看来，凡是领导，就必须排除万难、决不言败；就必须把"永不放弃"作为人生信条。

我经常用"燃烧的斗魂"来形容这种品质。换言之，面对竞争激烈的商场，要想让企业繁荣发展，领导就必须拥有与格斗家类似的拼搏精神，并具备率领整个集团向前迈进的魄力。

但要注意，我所说的"斗魂"并不仅仅针对竞争对手，也包括自身。换言之，领导必须拥有不屈的斗志，勇于战胜自身的弱点，不管遇到何种困难，都不放弃既定目标。

> 内部刊物《盛和塾》49号
>
> 塾长讲话 [2] "领导应发挥的作用"

早在 1869 年，英国的人类学家高尔顿（Galton）博士等人便开展了一项研究，旨在弄清"什么样的人才能成功"这一问题。结果发现，成功者往往具备两大特质。其一为"抵御诱惑的定力"，其二为"坚持埋头工作的热情与努力"。从本质上说，前者相当于"意志力"，而后者相当于"斗魂"(斗志)。

从那之后，"意志力"一直是学者们研究的热点之一，可"斗魂"却似乎从主流领域销声匿迹了。如今，一提到"斗魂"，绝大多数人或许首先会联想到"格斗"或"战斗"。但若按照学术领域的定义，"保持数十年的热情，不断努力奋斗"亦是"斗魂"的一种表现。

针对"意志力"与"斗魂"，美国宾夕法尼亚大学（University of Pennsylvania）的达克沃斯（Duckworth）博士等人也开展了一系列研究。

陆军军官学校的野兽兵营

美国西点军校（The United States Military Academy at West Point）会对入校者进行严格筛选，只有通过入学资格考试、体能测试和领导力测试等纷繁评测的佼佼者，方能拥有入校深造的资格。而其中最为严酷的评测当属名为"野兽兵营"的集体训练项目,不少人都在这一环节惨遭淘汰。

针对那些在"野兽兵营"训练中胜出的合格者,达克沃斯博士的研究团队进行了一系列测验,旨在调查他们的"智商""体能""意志力"和"斗魂"等特质的指数。结果发现,指数最高的普遍是"斗魂","意志力"位居其二。

英语拼写大赛

英语拼写大赛(英文称"Spelling Bee")是英语圈知名的英文拼字竞赛,参赛者在听到出题者口头念出的复杂英文单词后,必须在第一时间准确无误地将其拼写出来。针对儿童组的决赛入围者,达克沃斯博士的研究团队进行了一系列测验,旨在调查他们的"智商""意志力"和"斗魂"的指数。结果发现,意志力较高的孩子并没有在决赛中胜出,反而是那些智商或斗魂指数较高的孩子容易走到最后。

"斗魂"与"意志力"的区别

"斗魂"与"意志力"看似类同,其实不然。前者是指对某事保持兴趣,且不断坚持努力的顽强品质;后者则是指不为诱惑所动的瞬时判断力,是一种明确自身目标的行动力。

与"斗魂"相关的大脑部位名为"下丘脑",其与间脑相关联,但目前人类仍未弄清其明确的作用机理,只知道间脑负责维持人的生命体征,包括食欲、口渴感、睡眠、性欲、战斗与逃跑(即与敌人对峙时的判断选择）等。而至于稻盛先生所提倡的"凌驾于任何武术流派的强烈斗志"，从脑科学的角度看，即指"强烈的生命力与能量"。

稻盛先生还说，"一个人的不屈精神和强烈斗志，便是其克服困难、战胜压力的能量之源。"话虽如此，可我们绝大多数人在面对巨大的困难和压力时，往往还是会不知不觉地退缩妥协、放弃信念。

要想改变这种懦弱的性格，要想真正培养不屈不挠的斗志，究竟该怎么做呢？人们普遍认为"严酷磨炼"是关键，但其实并非如此。倘若只是一味地在"严酷"上加码，是无法有效培养斗志的。相关领域的学术研究也早已证明了这点。

何为培养不屈斗志的关键要素

首先必须让个体与其尊敬之人建立深度的心灵纽带，然后在此基础上激发其"希望为他人做贡献"的积极欲望及感谢之心，进而通过战胜逆境，不屈不挠的斗志便能形成。

曾经的拳王迈克·泰森（Mike Tyson）和其恩师库斯·达马托（Cus D'Amato）的故事便是一个典型。

他们的故事较为有名，可能不少读者有所耳闻。而在笔者看来，这是一个非常有说服力的案例——泰森与达马托之间深度的心灵纽带，最终使泰森的不屈斗志得以觉醒。

在邂逅达马托之前，泰森是个品行顽劣、作奸犯科的不良少年,在12岁之前,他曾被警察逮捕51次,并被送入"级别最高"的少管所,其中收容的都是品行最为恶劣的少年犯。当时,拳击运动是少管所感化改造教育的内容之一,泰森因此接触到了拳击,也遇到了他后来的人生导师——达马托。从那之后,他便逐渐在拳坛崭露头角,不断向着成为世界拳王的道路迈进。

"要想在擂台上凌驾对手,靠的不是肉体,而是精神",这便是达马托的拳击哲学。不仅如此,达马托还教育泰森要常怀感谢之心。泰森曾亲口承认,他对达马托的敬仰与爱戴远超与父亲的感情。

遗憾的是,在泰森大步迈向世界冠军之路时,达马托却中途离世了,好在达马托建立的"泰森团队"亲如一家,使孑然一身的泰森获得了精神支柱。于是乎,在达马托去世后的两年间,凭借着"泰森团队"的全力支持,泰森夺得了一个又一个世界冠军,并9次卫冕世界重量级拳王冠军。

然而,由于垂涎于泰森的辉煌成就和价值,崇尚拜金主义的职业拳击经理人逐渐接近和拉拢泰森,最终使得达马托一手建立的"泰森团队"土崩瓦解。

归于职业拳击经理人麾下的泰森完全是"为钱打拳",虽然拥有物质享受,却失去了值得尊敬之人,也没有了心灵的纽带与寄托。于是乎,他的私生活日渐糜烂,各种麻烦也接踵而至。最后,他以"不想再玷污拳击运动"为由,结束了自己的职业生涯。

我们往往倾向于认为"要想锻炼斗志，首先要经历严酷的磨炼"，但其实绝非如此，唯有与自己尊敬之人所建立的心灵纽带，才是强烈斗志的源泉所在。

感谢之情催生组织的连带感

每个人总会抱有各种不同的想法，但如果每名员工都各行其是，公司将会如何？

假如每个人的力量无法凝聚至一处，力量势必分散，公司的合力便无法形成。纵观棒球或足球之类的团体竞技项目，就会发现，既有全体队员向着胜利目标齐心协力的队伍；也有队员各自为战、只追逐个人赛绩的队伍；而在实际比赛中，这两种队伍的实力差距一目了然。

当全员的力量向着同一方向集结时，就会产生成倍的合力，创造惊人的成果。此时，1加1就会等于5，甚至等于10。

《京瓷哲学》（统一方向，形成合力）

员工万众一心，朝着共同目标互帮互助、努力奋斗，这样的组织形态自然是最为理想的。那么问题来了，怎样才能打造如此团结的组织呢？

关键在于领导的"传播效果"。具体来说，就是领导必须把自己的愿景蓝图和崇高志向传达到位，使其成为每名员工的愿景蓝图和崇高志向。该过程也被称为"目的传播"。

新加坡国立大学（National University of Singapore）的西雅（Sia）博士等人开展了一项研究，旨在弄清易于实现"目的传播"的心理状态。其研究团队让实验对象处于3种不同的心理状态（扫兴、喜悦与感谢）之下，并让他们阅读一些小故事，然后观察他们受到故事主角的感染程度，从而判断"目的传播"的效果。

结果发现，在扫兴的状态下，目的传播完全无效；在喜悦的状态下，目的传播收效甚微；唯有在感谢的状态下，目的传播才发挥出较大的作用。不仅如此，在第3种心理状态下，即便让实验对象阅读多篇不同的故事，他们也能对每名主角的经历感同身受，并做出与主角类似的举动。

由此可见，不管传播的内容为何，只要受众拥有"感谢之情"，目的传播便较易发挥效果。

所以说，当团队成员兴味索然地开展工作时，其行动往往趋于各自为政，从而难以形成合力；反之，假如团队成员在工作时热情高涨、积极乐观，大家就易于朝着同一目标迈进。不仅如此，当团队成员抱有"感谢之情"时，就能使全员"矢量一致"，从而做到目标统一、团结一心。

那么问题来了，如何催生团队成员的"感谢之情"呢？

稻盛先生曾说："身为企业家或管理者，在看到员工在前面走时，应该站在其背后，在心中双手合十地感谢对方。"一旦拥有如此真诚的感谢之心，目的传播自然不是问题。

即便从学术角度看，拥有"感谢之情"，也是颇具意义的。在与公司员工共享哲学思想时，领导也应该对每名员工传达感谢之情，这点至关重要。

一句"谢谢"，蕴藏改变组织的力量

日本航空（JAL）的大西贤董事长回忆道，稻盛先生当年就任会长时，首先提出的要求是"想视察员工的工作现场，并与基层员工直接交流"。不仅如此，稻盛先生还讲了人生方程式，并点拨道："假如JAL能够拥有'全体员工自然流露感谢之情'的企业文化，就必然能够复兴。"

"感谢之情"与拯救一家濒临破产的企业，在普通人看来，二者似乎风马牛不相及。但从脑科学的角度来看，如果企业的全体员工能够常怀感谢之情，大家便能团结一心，从而发挥目的传播的效果。其结果自然是目标清晰、执行有力。

稻盛先生提出的"人生方程式"其实也基于类似的道理——倘若心怀开朗、乐观、体谅、正直、坦诚、公平和诚实等充满正能量的品质，再加上充满热情的努力精神，即便能力有限，也能取得理想的结果。

当JAL申请破产保护时，许多人认为其无法避免二次破产的命运。换言之，在许多人看来，哪怕请来能力再强的"救兵"，也无法使JAL重整旗鼓。

但充满睿智且经验丰富的稻盛先生明白，假如依靠"个人英雄主义",任何人都无法拯救JAL,唯有让全体员工萌生"感谢之心",并团结一致地努力奋斗,"目的传播"才能生效,从而激发集体智慧,最终使JAL浴火重生。

总之,"心怀感谢,成功自来",这并非单纯的宗教教条或唯心主义,而是脑科学研究所得出的科学结论。换言之,从脑科学的角度看,"感谢之情"是极为重要的因素,它能够创造一片良性的"土壤",使组织成员志向合一,并毫无保留地发挥实力。

稍不注意,组织的秩序就会混乱

每个人都有自己的特点,无论是长相、想法,还是个性,可谓各人各异。而企业是一个商业团体,自然有形形色色的人在此汇聚。企业需要维持运作,也需要不断发展。为此,我(稻盛先生)一直坚持做员工的思想工作,向他们灌输公司的思维方式和发展目标。在我看来,最困难的便是让员工接受并实践企业理念。只要一有机会,我就会苦口婆心地对员工念叨:"咱们公司以这样的方式方法,在朝着这样的方向迈进""作为人,应该具备这样的思维方式"……

总之,在规模较小的集体中,哪怕只有一名成员的"矢量"与大家不一致,也会对周围人造成负面影响——"原来'矢量'不一致也没关系嘛!反正照样能在公司里做下去。"因此,为了让所有人保持"矢量一致",我十分重视员工的思想工作。

《京瓷哲学》(统一方向,形成合力)

荷兰格罗宁根大学（University of Groningen）的克泽尔（Kaser）博士等人研究发现，那些看似微不足道的混乱，足以导致严重的混乱。

涂鸦之处，垃圾乱扔

克泽尔博士的研究团队在市内购物中心的一处自行车停放点进行实验。先在该停放点的墙上涂鸦，营造一种脏乱的环境；再把墙上的涂鸦擦干净、地上的垃圾扫干净，从而营造一种整洁的环境。在两种环境下，研究团队都会故意把传单放到每辆自行车前车篮里的显著位置，然后暗中观察取车人的举动，看有多少人会把传单直接扔到地上。

结果发现，在墙上有涂鸦的环境下，69%的人会随手扔掉传单；而在墙上没有涂鸦的环境下，只有33%的人采取这种行为。换言之，大多数人在看到墙上的涂鸦时，会想"既然涂鸦都没关系，那我扔张传单算什么"。

一旦违规，无人守则

接下来，克泽尔博士的研究团队又进行了另一项实验，这次他们利用了人们希望"抄近道"的心理。

实验场所是一处空地，有一扇铁制的栅栏门，门不仅没有上锁，还留了一道0.5米宽的空隙，但上面有警方张贴的两条告示。一条写着"不得用链条锁把自行车锁在栅栏上"，另一条写着"不得穿越此门"。在距离这扇门大约 200 米处，有一扇允许自由进出通行的大门。换言之，只要稍微绕点路，就不需要违规穿越铁栅栏。为了营造出杂乱无章的环境，研究团队故意找来 4 辆自行车，把它们用链条锁和铁栅栏锁在一起。

结果发现，当有自行车和铁栅栏锁在一起时，82% 的过路人都会选择违规穿越；而当没有自行车和铁栅栏锁在一起时，只有 27% 的人会选择违规穿越。

此外，由于荷兰每年元旦的数周前就开始禁止燃放烟花，因此研究团队利用这一法律规定，又进行了一项实验。实验定在元旦的两周之前，他们用彩色拉炮模仿燃放烟花的声响，然后调查人们乱扔传单的概率。结果发现，当听到用彩色拉炮模仿的烟花声时，80% 的人会随手丢弃传单；而当没有听到声响时，仅有 52% 的人做出这种行为。

由上述一系列实验可知，看似微不足道的混乱，却足以导致严重的混乱。

全员心气合一，便能发挥集体智慧

要想让一个组织发挥出集体智慧，关键在于加强组织成员的自我认同感，即让每个人都觉得"自己是被需要的"。为此，稻盛先生在《京瓷哲学》中强调"全员参与经营""人人都是经营者"。

反之，假如组织中有人对其他成员抱有轻视的想法，认为"那个人没啥用，少了他照样行"，就会导致集体智慧无法发挥。

正如克泽尔博士的实验结果所证明的那样，看似微不足道的混乱，足以导致严重的混乱。换言之，哪怕就一个人抱有上述负面思想，都会影响到整个组织，最终使成员们普遍认为"自己只是可有可无的存在"，从而打乱整个集体的"矢量"。

所以说，只有当每名组织成员都具备强烈的自我价值认同感，坚信"自己是公司的中流砥柱""自己是公司不可或缺的存在"，再加上"我为人人"的奉献精神，大家才能做到"矢量一致"，进而有效发挥集体智慧。

总之，对企业而言，只有让每名员工都具备主人翁意识，让他们都觉得自己和社长一样，是公司的主心骨，集体智慧才能得到激发。反之，倘若员工们"意见相左""各有心思"，就会生成看似微不足道的混乱，进而导致严重的混乱。

可俗话说"人心隔肚皮"，即便员工们"各有心思"，领导也难以察觉，更别说把握其程度了。为此，企业家或管理者就应该从平时做起，不断对员工传达感谢之情，并提升员工对自我价值的认同感。比如可以经常对员工说"谢谢"，或者表扬员工"我看好你哦"。长此以往，就能减少那些看似微不足道的混乱，从而使员工们团结一心。

笑一笑，大脑就会变乐观

不管身处何种逆境，不管遭遇何种艰辛，都始终保持乐观开朗的心态,满怀理想和希望,坚韧不拔,努力奋斗,这才造就了今天的京瓷。

人生充满着光明和希望,关键要抱有积极的信念,坚信自己"一定会迎来辉煌的人生"。不要牢骚满腹,不要消沉郁闷,不要憎恨别人,不要妒忌别人,这些消极情绪将使人生黯淡无光。

道理其实很简单,对自己的未来充满希望,乐观开朗,积极行动,便是促使人生和事业顺利发展的首要条件。

《京瓷哲学》(保持乐观开朗)

"保持积极开朗,大脑机能便会增强"。可即便明白了这个道理,当遭遇艰辛或困苦时,我们依然会倾向于自闭或消沉。那么问题来了,应该如何处理这种负面情绪呢?

法国里尔大学(Université de Lille)的里古拉(Ligae)博士等人用小白鼠做实验,研究"发笑"是否能够激发乐观情绪。

实验很简单,在小白鼠"笑"与"不笑"的两种情况下,对比其行为的差异。

当给小白鼠的肚皮挠痒时,它会发出频率为50赫兹的吱吱声,这便是小白鼠的笑声。

首先,里古拉博士的研究团队给小白鼠播放两种音频,一种是低音,一种是高音。当小白鼠听到低音时,研究团队会给它糖水;当听到高音时,研究团队会电击它。如此反复,从而使小白鼠习得这种规律——低音有糖水,高音被电击。接着给小白鼠播放介于二者之间的中音,发现它的反应分为两类,概率基本为五五对开——50%的反应与听到低音时相同(认为自己即将获得糖水的欣喜举动),50%的反应与听到高音时相同(认为自己即将被电击的恐惧举动)。换言之,小白鼠似乎由于难以判断未来而感到不知所措。然后研究团队给小白鼠的肚皮挠痒,使其发笑,再给它播放中音,发现其表现出欣喜举动的概率提高了30%。

换言之,当小白鼠发笑时,其大脑就会倾向于积极判断(一定能得到糖水!),并在行为上体现出来。

而人亦是如此。

从上述实验可知,"笑"对于积极判断起着关键作用。但有人可能会担心,假如整天"嘻嘻哈哈""盲目乐观",不是反而更容易失败吗?针对该问题,美国俄克拉何马大学(University of Oklahoma)的塞恩·布罗斯基(Thane Broskey)博士等人开展了一项研究。

傲慢招致失败,谦虚带来成功

他们研究发现,傲慢的人一旦变得乐观,就会低估现实风险,从而容易做出非常危险的判断;反之,傲慢的人一旦变得悲观,就会失去道德底线和自省能力。根据心理咨询师的临床报告,陷入悲观的傲慢之人常常会呈现出一些特征,譬如"明明违背道德,却认为自己公正严明""自命不凡,夸大自我价值""喜欢强人所难""精神状态不稳定"等。倘若由这种傲慢之人充当领导,组织的前途可想而知。

通过该实验结果,亦可窥见保持谦虚的重要性。如果领导能保持开朗的心态和谦虚的态度,并坚持做出乐观的判断,则整个组织自然会变得乐观开朗。

身为领导,要调节现场气氛

许多年前,当时的京瓷正计划并购一家美国企业,双方代表齐聚一堂,总共10人左右。由于各种难题堆积如山,因此谈判起初充满火药味,毫无节制的吵嚷声响彻会堂,双方各怀不满,互不相让。

稻盛先生也在场,当时他还年轻,可谓刚在商界崭露头角的青年实业家。只要双方的讨论陷入僵局,他就心平气和地"救场",一边表达自己的观点,一边对每名与会人员微笑。不仅如此,每次发言结束,他都会以一句"I am a lucky boy"(我是个幸运儿)作结尾。

通过稻盛先生如此反复的潜移默化,与会人员渐渐获得了正能量。当谈判接近尾声时,所有人都变得积极乐观、热情洋溢。大家一致认为"难题亦是绝好的机遇""应该共同努力解决"。

有的读者可能会由此得出这样的结论——"稻盛先生只是个乐天派",可其实并没有这么简单,其言行中蕴含着坚强的信念——只有"时刻保持开朗""贯彻正确行为",才能渡过难关、拨云见日。正因为这份真挚的赤子之心感染了与会的众人,会场才会发生上述"化学反应"。

前面讲过,积极开朗、笑容满面的态度能够激活大脑的"加速装置"(参照第1章第9节"应该如何做,才能与下属建立伙伴关系")。而加速装置一旦被激活,即便遭遇难题,也能视其为绝佳的机遇。反之,倘若整个组织陷入悲观的气氛,那么其成员大脑的"制动装置"便会激活,严重时甚至会导致思考停滞。所以说,身为领导,必须尽量让整个组织的气氛保持积极乐观。

极致的"利他之心"能够提升大脑的层次

一旦拥有高层次的判断基准,就能做到"耳聪目慧,事理自明"。和开悟的高人对谈,往往会获得简单明了的指点——"此事可为""此事不可为"。这是因为,人一旦进入高层次的境界,就能够自然而然地看透事物本质,掌握万物真理。

但现实令人遗憾,社会上充斥着追随本能、利欲熏心的"凡夫俗子"。他们整日计较于眼前的"胜与败""得与失""利与损"等,在浅薄的争名夺利中,搞得"血溅满身""你死我活"。而一个怀有利他之心的人目睹这番景象,则会心生"众人皆醉我独醒"的感觉。因为这样的高人早已看破一切——那些在工作或创业中充满私欲、自作聪明之人,其前方的道路布满荆棘,必会失败跌倒。

打个比方,怀有利他之心的人看到前方横亘着一条"沟渠",就不会往前走;而利欲熏心之人却深信自己的路是正确的,在如此"无明"

的状态下，根本看不到那条"沟渠"，甚至还自鸣得意地认为"这条路比那条坑坑洼洼的路好走多了"，最终双脚陷入其中，无法动弹。人一旦被欲望所熏染，其心智便会受到蒙蔽，从而无法察觉眼前的危险；而在"心无挂碍"的旁观者眼中，危险却是如此显而易见。

《京瓷哲学》（把利他之心作为判断基准）

前面讲过，人的大脑存在"加速"和"制动"机制（参照第 1 章第 9 节"应该如何做，才能与下属建立伙伴关系"），而美国威斯康星大学（University of Wisconsin）的脑科学家戴维森（Davidson）博士带领的研究团队则是该现象的发现者。

大脑的加速装置一旦被激活，人就会变得积极开朗且充满幸福感；反之，倘若制动装置的活性过强，人在看问题时就会变得悲观消极。不仅如此，假如制动装置进一步被激活，人还会陷入抑郁情绪。

那么问题来了，那些大脑加速装置活性较强的人，究竟是什么样的？为了弄清这点，戴维森博士的研究团队请来了 1 000 名实验对象。结果发现，其中大脑加速装置活性最强的，是一位藏传佛教的僧侣。从 1972 年起，他便在喜马拉雅山区开始了冥想的修行。由研究可知，大脑加速装置活性越强，人的幸福感就越高。按照该原理，他可谓"全世界最幸福的人"。

接着，研究团队在征得法师的同意下，在其头部放上了 128 个脑波测定器，用于精确测定其大脑活性。

"全世界最幸福的人"脑中发生了什么

研究团队发现,即便在通常状态下,其大脑加速装置的活性也高于常人。而当他进入冥想状态、以利他之心祈祷世界和平及全人类幸福时,其大脑加速装置的活性进一步飞跃,是常人的数百倍之多。

由此可见,积极看待事物,为他人的幸福做贡献……这样的利他行为能够激活大脑的加速装置,从而提升人的幸福感。此外,人一旦把"利他之心"视为坚定的人生观,还能够激活各个有益的神经回路,从而全面提升大脑机能,包括"注意力""逻辑力""创造力""记忆力"以及能够预测未来的"直觉力"。

磨砺心性,真如自见

在题为《员工对领导的期待》的演讲中,稻盛先生曾说道:

"一旦舍弃以自我为中心的私欲,为了培养'美丽心灵'而努力磨砺心性,不可思议的现象便会发生——事物的真实本质在眼前自然展现。以清澈心境观物,困难迎刃而解。……在工作中亦是如此,如果能够做到心境清澈、远离私欲,那么问题的本质就会显露出来,自然能够化解。"

所以说,从上述实验结果亦可知,稻盛哲学拥有科学依据,真实不虚。

身为领导,如果能向上面那位高僧学习,把自己的"利他之心"和"体恤之心"发挥到极致,就能激活自身大脑中各个有益的神经回路。此外,再通过"常怀感谢之心",便能感染组织成员,使他们也变得积极向上。

在这样的组织中,所有人都会获得价值感和幸福感,从而充满活力,进而激发集体智慧,最终提升组织在工作中的实际表现和能力。

总之,稻盛先生所提倡的"利他之心"也好,"作为人,何谓正确"也好,表面上似乎与其取得的商业成功并无关系,但他正是凭着这样的思维和理念,才把京瓷和第二电电从零起步、做大做强;才让日本航空在濒临倒闭的情况下浴火重生、扭亏为盈。而如此不可思议的"魔法",已获得了脑科学领域的一系列佐证。

结　语

对于垂阅本书的各位读者，笔者再次表示感谢。

另外，我也想借此机会，倾诉一下本人的一些想法。

我从小就沉默寡言、不善交谈，且对此颇为烦恼。父亲在家中经常使用暴力，使我认为"他人是可怕的存在"。我曾在著书中详细描述过这段经历，请参看鄙人拙作《邂逅的法则》（中经出版）、《人人都可友好相处——倾听与诉说的秘诀》（Crossmedia Publishing）。

由于我的家离海较近，因此我小时候经常一个人去观察岸边的生物和空中的海鸟。这种独处的时光，占据了我童年的绝大部分。虽然我的初衷是避免与他人接触，但如今回想起来，这也培养了我作为研究学者的观察能力。

后来，我立志于学术研究，自己的成果也在业界受到了一定的认可，于是成为美国芝加哥大学（University of Chicago）的副教授。但我依然不擅与人交往，尤其在女性面前，我的大脑会突然一片空白，连只字片语都说不出来。

时光飞逝，转眼到了不惑之年，我意识到必须克服这样的障碍，在强烈的意愿驱使下，我进行了一项实验——逼自己在芝加哥街头和过路人搭话，总计3 000人。通过这样的经历，加上本身拥有的脑科学专业知识，我确立了独创的人际交流理论体系，终于克服了自身多年的障碍，并与如今的妻子克莱尔（Claire）相识相知。

或许是因为长年饱尝无法与人深入交流的辛酸与痛苦，当我第一次与他人的心灵建立连接时，获得了一种近乎震撼和冲击的感动。于是我决心把这种"心意相通"的妙处更多地传达给世人。

而就在那时，也就是我仍在芝加哥的时候，在机缘巧合之下邂逅了稻盛先生的著作《活法》。实在惊为天人，完全没想到"居然有如此美好的活法"。我至今依然记得，当时自己一边感动落泪，一边拜读该书的情景。书中不但道出了我一直追求的"彼此心灵连接"的美妙，还阐释了"为世人、为社会尽力"的崇高精神。之后，我参加了美国的盛和塾，学习稻盛哲学。回国之后，便创立了如今这份事业。

迄今为止，基于最新的脑科学研究成果，我们公司已经开发了各种研修课程，并为众多企业客户所采用。尤其在研修的过程中，我们发现，一旦参加者的集体智慧得以激活，即便起初被认为无法完成的课题，也能在不知不觉中顺利攻克。

当集体智慧被发挥出来时，每名成员都会两眼放光、神采奕奕，并且齐心协力地埋头于课题。通过此情此景，每个人都能够窥见人类团结的力量之大、力量之美。

稻盛先生曾说道：

"假如只把'赚钱'视为工作的动力，拼命干活，加班加点，早晚会心力交瘁；而如果能够拥有真正心意相通、互帮互助的好伙伴，并与他们在每天的工作中发挥合力，就能获得无可比拟的喜悦。"（内部刊物《盛和塾》59号 塾长讲话）

通过对稻盛哲学的学习领悟、对集体智慧的科学验证以及亲身体验，我认识到，人在与他人同心协力、克服困难、实现梦想的过程中，能够感受到真正意义上的幸福。

鉴于此，我确立了自己的人生目标——"灵活运用脑科学知识，帮助人们建立心灵连接，通过普及'心意相通'的交流方式，为完善和实现充满富足感的社会做出贡献"。换言之，我决心以自己的方式，不断"为世人、为社会尽力"。

最后，我想对一些人表达谢意，承蒙他们的协助，我才能将此书顺利完成。

盛和塾的稻盛和夫塾长在百忙之中抽出时间，垂阅了本书原稿。而京瓷株式会社的粕谷昌志先生、井上友和先生、春日宏纪先生以及盛和塾总部事务局的池田成男先生，都在我写稿的过程中提供了全力协助。

此外，京瓷株式会社的大田嘉仁先生、盛和塾福冈分部的阪和彦塾生、盛和塾横滨分部的横沟隆雄塾生为我引见了不少重要人物，使得本书的一些内容得以完成。

不仅如此，盛和塾横滨分部的高桥忠塾生、滨田总一郎塾生以及 PALTEK 株式会社的胜木纯三先生也对我的原稿提出了许多建议。而以栗屋野盛一郎塾生为代表的盛和塾横滨分部的各位同仁，加上藤田直志先生、岸部雄二先生等日本航空株式会社的志同道合之士，更是为我提供了演讲的机会，从而使我萌生了写这本书的念头。我还从世界各地的盛和塾塾生与相关人士那里学到了许多东西，并收获了诸多温暖的支持和鼓励。

为使本书能够顺利出版，Crossmedia Publishing 的小早川幸一郎先生与矢作千春小姐做了大量的编辑工作。最后，我还要感谢我的妻子克莱尔，如果没有她无私的支持和付出，我也无法完成本书。

总之，承蒙众人的力量，本书才得以顺利出版。对此，我再次表示由衷的感谢。

岩崎一郎